动态股权

中国合伙人分钱分权的新技术

罗毅　张杰　安柏静◎主编
魏秋萍　童叶　杨帆　张潇文◎副主编

创业公司如何搭班子？团队利益如何分配？公司如何治理？公司控制权是怎么一回事？合伙人中途退出，怎么办？企业这些最核心的问题，都跟同一件事相关：公司股权架构。本书针对这些问题提出了创业公司的动态股权八大战略，为合伙人提供了切实可行的动态股权分配方案，手把手指导读者分好股权这块蛋糕。

本书适合公司创始人、合伙人及中高层管理者阅读。

图书在版编目（CIP）数据

动态股权：中国合伙人分钱分权的新技术 / 罗毅，张杰，安柏静主编. —北京：机械工业出版社，2020.1（2023.11 重印）
ISBN 978-7-111-64511-5

Ⅰ. ①动… Ⅱ. ①罗… ②张… ③安… Ⅲ. ①企业管理-股权管理-研究 Ⅳ. ①F272

中国版本图书馆 CIP 数据核字（2019）第 294979 号

机械工业出版社（北京市百万庄大街 22 号　邮政编码 100037）
策划编辑：解文涛　　　责任编辑：解文涛
责任校对：孙丽萍　　　责任印制：郜　敏
北京联兴盛业印刷股份有限公司印刷
2023 年 11 月第 1 版·第 7 次印刷
145mm×210mm·8 印张·3 插页·156 千字
标准书号：ISBN 978-7-111-64511-5
定价：68.00 元

电话服务　　　　　　　　网络服务
客服电话：010-88361066　　机　工　官　网：www.cmpbook.com
　　　　　010-88379833　　机　工　官　博：weibo.com/cmp1952
　　　　　010-68326294　　金　书　网：www.golden-book.com
封底无防伪标均为盗版　　　机工教育服务网：www.cmpedu.com

编委会

主　任（兼　主编）　罗　毅　张　杰　安柏静
副主任（兼副主编）　魏秋萍　童　叶
　　　　　　　　　　　杨　帆　张潇文
委　　员　宋　军　吴　忱　倪平钰　马　岚
　　　　　　刘振宇　倪修智　陈南曦

推荐序

推广动态股权理念的道路上不再孤单

蔡　聪　群蜂社创始人

2015年,我开始了又一次的创业:一个以"众筹、众包、众扶、众创"为理念的投融资社群平台——群蜂社。在创业开始时,我在公司的公众号发表了一篇文章《白手起家的动态股权分配机制》,这篇文章主要是总结我曾经创业的失败,以及向共同创业的小伙伴阐述我们要运用的股权分配机制。这篇文章被机械工业出版社的解老师注意到了,他联系了我,并力邀和鼓励我将这套动态股权分配的理念写完整,写成一本书。

终于,在2017年年初,我有幸出版了人生的第一本书《创业公司的动态股权分配机制》。万万没有想到这本书居然能够成为管理类的畅销书,在随后的两年多时间里这本书也给我的创业和生活带来了很大的影响。不少机构和社群邀请我做"动态股权"的专题分享,也有不少读者通过各种办法联系到我,甚至专程前来与我会面交流。创业者最喜欢与创业者为伍了,这本书让我结识到很多同在创业路上的朋友,让我有机会聆听到他们的创业故事,甚至我还通过群蜂社投资支持了他们当中的一些项目。

三年以来,我在群蜂社践行动态股权分配的过程中积累了不少的经验、心得、教训,也陆续有不少践行这一理念的读者与我分享他们的经验和心得,"动态股权分配"的理念在国内开始生根发芽。为了让大家更好地进行交流,我特意建立了一个"动态股权分配分享群",让大家可以充分探讨在实践中遇到的问题,我也会在群里解答读者的疑惑。

在群中,有位叫王春刚的读者读完全书后,将动态股权分配理念总结为一首诗:

> 合伙共同立契约,阶段设定里程碑。
> 理清找出贡献点,量化体现贡献值。
> 计算模型准备好,依约贡献计行权。
> 绳纲原则定份额,动态分配最核心。

他总结得非常到位,浓缩了"动态股权分配"的理念和思维框架。我想我一定不是第一个提出动态股权分配理念的人,但我可能是国内较早地把这套理念与国内创业环境结合起来,形成一个完整的理论框架和执行方案的人。我非常荣幸有这么多不同行业的创业者认同这一理念,并且像我们一样在创业中实践。我非常荣幸能够给创业者一些灵感,让他们能深入思考股权分配这个难题以应对复杂多变的创业环境,让他们的创业少走弯路,降低因团队合作问题导致创业失败的概率。

推荐序
推广动态股权理念的道路上不再孤单

有不少人能够深刻理解其中的理念,像王春刚先生那样提炼精髓,不拘于书中案例的细节,融会贯通,发挥创意,与其团队的情况和创业环境结合起来,为自己制定一套机制。但也有人向我表示,这本书他花了三天时间就读完了,读的时候总觉得"心有戚戚焉",我讲的好像他们都明白,都深有体会,但落地这套机制的时候又不知道如何下手。有人制定了方案,但心里没有底,不知道是否合理,前来让我提意见。有人甚至直接提出付费让我给他们制定一套方案。

确实,对于一个有良好的工商管理、财务和法律知识背景的创业者来说,这套理念并不难落地。但是对于许多不具备这类知识背景的创业者来说,他们执行起来可能并不那么得心应手。我很想帮助他们落实这个机制,但要制定一套切实可行的动态股权分配机制,必须对项目所处行业、商业模式以及各个合伙人的情况非常熟悉,这会耗费大量的时间和精力。无奈我本身也在创业,现在还无暇赚这个钱。

在2019年的一天,比例线股权团队作为读者前来拜访我。认同我主张的动态股权分配理念并前来交流的股权律师很多,他们不是第一个。但我惊讶地发现,这个团队不仅仅认同我的理念,而且还专门设立了推广动态股权理念的律师组织——"比例线股权"。后来我还得知,"比例线股权"律师团队还出版过一本关于股权激励的实操书籍《穿透股权》,并且于2018年至2019年间在全国多地举办了十几场面向律师的动态股权实操课程"股加私塾",参与课程的律师逾千名。他们不仅在律师行业分享动态股权理念，还致力于作为独立第三方为创业路上的合伙人制定适用于他们项目的合伙方案，为企业的发展提供全流程的股权法律服务。"让天下没有难合的伙。"从此，在中国推广动态股权分配理念的道路上，我不再孤单。

这本书是我的《创业公司的动态股权分配机制》一书的姊妹篇，由"比例线股权"团队编写。我的书是由我这位注册会计师出身的，长期从事投融资的投资人，又是正在创业路上的创业者写的一本关于人事管理理念的书。动态股权项目涉及会计、税务、投资、法律等方方面面的知识，而这本书则恰好是由长期从事股权法律事务的律师团队，立足于现有法律体系编写的一本关于动态股权分配机制落地的书。我相信此书能够从不同的角度和侧重点更深入地讲述"动态股权分配"，更具有操作性和参考价值。这本书对《创业公司的动态股权分配机制》一书是一个重要的补充。

我也非常高兴，在推广动态股权理念的道路上，能够与"比例线股权"团队并肩作战，服务更多的创业团队，总结更多的案例，让这个理念发扬光大，为中国的创业和创新添砖加瓦！

蔡 聪

2019 年 9 月 22 日于深圳

前　言

创投的红利时代 = 创业的厮杀时代

"创业",区区二字,却拥有这个时代最复杂的含义:它代表着机遇,代表着财富,也代表着厮杀,代表着淘汰。伴随着时代的浪潮,创业成就了一些人,也警醒了一些人。我们有幸见证了那么多值得载入史册的企业浮浮沉沉,创业者的故事,只有在这个创业时代,才有可能发生并演绎得如此惊心动魄。正如狄更斯所说:"这是最好的时代,也是最坏的时代……这是希望之春,这是失望之冬;人们面前应有尽有,人们面前一无所有;人们正踏上天堂之路,人们正走向地狱之门。"

是的,"大众创业,万众创新"㊀这八个字早已不再是口号,更绝非简简单单的精神指示,它已给这个时代留下了深深的烙印。我们每个人都可以真切地感受到,中国有史以来最大的一

㊀ "大众创业、万众创新"出自 2014 年 9 月夏季达沃斯论坛上李克强总理的讲话,李克强提出,要在 960 万平方公里土地上掀起"大众创业""草根创业"的新浪潮,形成"万众创新""人人创新"的新势态。

次创业热潮,就在当下切实地发生着。从"老牌"巨头 BATJ(百度、阿里巴巴、腾讯、京东),在二十年间诞生并成长为改变世界的企业,到"新锐"势力 TMD(今日头条、美团、滴滴),发展不到十年就展露出巨头相,这些我们耳熟能详的公司正在改变着这个时代,在移动互联网出现之前,如此"野蛮"的成长速度和发展模式是难以想象的。

如今,当我们的大多数父辈还在考虑工资又涨了几百元的时候,身边的很多同龄人却纷纷当上了老板,甚至敲钟上市,实现了"一个小目标"。比起这些成功和光鲜,更多的则是那些大浪淘沙之后,随着潮水退出历史舞台的企业。正应了《桃花扇》中的那句千古绝唱"眼看他起朱楼,眼看他宴宾客,眼看他楼塌了"。

市场是残酷的,我们开始习惯这个世界新的创业规则,我们开始习惯称一个人为"多次创业者",也开始习惯风口和热点以惊人的速度切换。再也没有以不变应万变的法则,再也没有常胜将军,许多已经取得一定市场地位的企业,也被迫转型升级。可以说,在当今社会,无论企业规模、历史、曾经的成绩如何,所有企业都成了创业企业,所有企业都处在同一跑道上。

创业好比战场,要能用众智,善用众力

一、变幻莫测的市场环境中,我们能抓住的只有人

历史规律告诉我们,事物的发展是波浪式前进和螺旋式上升的,发展的具体道路是曲折的。虽然这是一个充满机会和上演奇迹的时代,越来越多的人都投身创业潮流中,但相信你也

前言

感受到了这波创业热潮下隐隐的寒流。资本逐渐变得理智,市场不再一味地追求空泛的概念或是热点,一个企业已经很难仅凭"理想"和"蓝图"活下去了。

国人做事讲究天时、地利、人和。但如今的创业环境不得不让我们感慨,不管是"天时"还是"地利",都像变幻莫测的天气一般难以捉摸,而唯一能够抓住的,就是"人和"了。

创业导师徐小平老师讲过一句话:"对初创企业而言,合伙人比商业模式重要得多",由此可见"人和"因素的重要性。

全球知名创投研究机构 CB Insights 曾经对 101 家失败的创业公司进行分析,查看了 101 家公司的"死亡报告"之后,找到 20 个主要败因。"not the right team"("团队不行")高居"败因榜"第三名。Standout Jobs[一]在"死亡报告"中说:"我们应该引入联合创始人,主要用股票补偿他们,而不是现金,可惜我们没有这样做。"

答案再明显不过了——过去的传统企业大都是重资产型企业,前期投入成本大,发展周期长,对资本的依赖远远大于对人的依赖。公司中除了老板之外,剩下的员工都是以打工者的身份存在的。

但现在一切都变得不同了,创新成了成功的不二法门。创新就意味着对智力的依赖、对人的依赖程度大大增强。你要找的,就不再是员工,而是"合伙人",也就是能够一起拼搏、共

[一] 上述 101 家公司之一。

担风险、共享收益的伙伴。那种仅仅依靠工资、奖金、提成就能留住一个人的想法已经不现实了，一个能够创新、能够带来价值的人，资本机构排队给他钱都来不及，他怎么可能因为一点工资和奖金就继续留在你的企业呢？那由什么来替代薪资为你留住人才呢？相信大家不会陌生，那就是股权。

用股权绑定关系、绑定利益，创业的路上需要多人同行。这时的股权，就如同以前的资本一样，是真正的稀缺资源。股权代表权力和利益，如何更好地分配股权，是所有创业公司面临的最重要的问题，甚至说是灵魂拷问，也不为过。

二、说到底股权设计就是利益分配，你真的认真想过团队的股权设计吗？

股权的分配就是利益的分配，那股权能带来的利益又是什么呢？不仅仅是钱或者分红权，还包括控制权、知情权等多种股东权利。而正因为利益包含的内容过于复杂，所以我们在做股权分配的时候，所应当衡量的角度也需要更加多样化，以往那种谁出钱多谁就占股多的方式早就过时了。

如果不以资本作为分配的唯一标准，我们还能依据什么呢？在标准混乱的情况下，就很容易陷入另一种分配方式——"幻想式股权分配"。什么是"幻想式股权分配"？好比刚刚创立一家公司，大家就开始因为未来如果赚了钱该如何分配的事情争吵。蛋糕都还没有烤好，就着急分配，并且因此而产生嫌隙，着实好笑。

前　言

创业场上切忌只谈感情不说利益

一、拿什么来爱你，我的合伙人？

大概已经不止一次有人比喻过，合伙创业就像谈恋爱结婚，找合伙人就像在找另一半。仔细想来，二者确实有太多相似的地方。

两个人在一起的前提：你尊重我的付出（贡献），并且回报同等的爱（股权）。

这一点说的就是公平。

在感情里，我们常说双方地位要平等才能长久，长时间由一方主导的关系，另一方终究会因为各种原因而离开。而感情里最怕的一点就是一味地索取而不付出，或者一味地付出而不求回报。合伙人之间，同样需要平等、公平的关系。每个人都会为了共同的愿景而付出，会为了公司的发展而努力，同时，每个人的付出和努力，也都应当有对应的公平的回报。只有确定了这样的前提，大家才有长久在一起的基础。

我们走下去的方式：偶有争吵，但是只要目标（赚钱）一致，就可以为爱妥协。

这一点说的就是股权的分配要灵活、符合实际。你可能会问，前面都说了公平，那么按照公平的标准进行分配后的股权比例已经成了既定事实，怎么又能做到"灵活"呢？二者不会相互矛盾吗？其实，所谓的公平，不仅是相对的，而且是动态变化的。正如公司刚刚创业的时候你拿出了100万元，这100万元对公司而言，可能是最重要的启动资金，而当公司已经年盈利上千万元的时候，你再投资100万元，尽管同样是100万元，却只能算锦上添花了。所以说，公平和灵活是不矛盾的，我们提倡的是，要用发展的眼光看问题，只要目标一致，在发展过程中出现的一切分配问题，都可以灵活而公平地进行调整。

我们坚持的原则：不要低估彼此的智商，让承诺兑现。

感情里最怕的就是两个字——背叛。而从公司的角度来看，防范背叛最重要的一点就在于，我们要制定一套科学、合理、可操作的分配制度和方案，让所有人都清晰地了解并认同，在需要分配股权的时候，股权能够真正分配到合伙人手里，只有这样，才能最大限度地防范风险的产生，让合伙人能够真正携手走下去。

二、动态股权是答案

那么，我们前面说到的两种股权分配方式为什么不合适呢？结合婚姻来看就知道了。第一种，按照初始贡献的程度（资金）

来分配股权。就像是两个人结婚，其中一个人带着一套房子，另外一个人带着一辆车，那房子更贵一些，未来家里的话语权就更多地偏向了带房子的人，这当然不公平，也不利于家庭的稳定。

而第二种，就是那种幻想式的股权分配。就像是在家徒四壁、双方要携手共创美好未来的时候，就幻想因为家里赚了钱该如何分配这样的事情吵架一样可笑。毕竟还没有赚到钱，又怎么能知道在未来一起赚钱的这个过程中，谁付出的更多一些呢？不知道谁付出更多的时候，又怎么可能科学合理地分配赚到的钱呢？

我们要摒弃以上这两种分配股权的方法，用"我贡献即我得到"的思维去动态分配股权，这也最符合唯物辩证法，而且已经被无数历史实践证明是合理的。股权分配得好，合伙的"婚姻"就有了存在并且稳定的基础，以后大家就是风雨同舟的"爱人"了，事情商量着来，贡献科学地测算，分配也公平合理地进行。这样的"人和"，对创业公司来讲，尤为可贵。

目　录

推荐序　推广动态股权理念的道路上不再孤单
前　言

第一章　以史为鉴：
他们踩过的坑，你可千万别再踩一次 // 001

第一节　踩上股权地雷，行业巨头也可能出局 // 003

第二节　少年维特的烦恼和中年危机：股权危机一直都在 // 011
　　一、股权分配需求随企业发展阶段的变动而变动 // 011
　　二、成熟企业的疑虑 // 014

第三节　按需分配，方得始终 // 015
　　一、创始人持有股权，本质上是希望拥有公司的控制权 // 016
　　二、核心员工持有股权，看重的是股东身份带来的被认同感 // 016
　　三、投资人持有股权，看重的更多是投资回报 // 016

第二章　用最少的资源去撬动最大的利益：股权战略 // 019

第一节　股权是一个团队最重要的战略资源 // 021
　　一、股权为什么重要？ // 021
　　二、成功的股权分配可以稳住军心 // 023
　　三、失败的股权分配如同诛心之剑 // 024

第二节　好的领导者懂得用股权去排兵布阵 // 026
　　一、你是好的领导者吗？ // 026
　　二、沙盘演练：我有一个创意，能使团队合伙人都满意 // 028

动态股权
中国合伙人分钱分权的新技术

第三章 股权战略一：向着目标，在大处着眼，小处着手——按里程碑来定义贡献 // 035

第一节 目标 // 037
一、以终为始，设计股权架构 // 038
二、确定目标要遵循"SMART"原则 // 039
三、动态股权就是OKR在股权分配上的体现 // 044

第二节 里程碑：团队无目标地努力，犹如战士在黑暗中远征 // 046
一、里程碑 // 046
二、预分配股权 // 050

第四章 股权战略二：让你的贡献和股权清晰可见——量化贡献并实现计提 // 057

第一节 数字化你的贡献 // 060
一、设计贡献点 // 062
二、记录贡献值 // 074

第二节 你能拿走的股权，取决于你所做的贡献 // 076
一、见证是信任的起点，让方案的执行公开透明 // 076
二、计提 // 078
三、贡献值的回购 // 080

第五章 股权战略三：合伙人都满意的蛋糕切法——将贡献值转化为股权 // 085

第一节 拿走你该得的那部分，没人敢质疑 // 088
一、如何计算你的股权比例 // 089
二、拿得少，并不意味着"吃亏" // 091

第二节 让法律确认你确实得到了这些股权 // 093
一、《中华人民共和国公司法》关于成立公司的相关规定 // 094
二、确认持股方式 // 096
三、用书面协议代替口头约定 // 103

目 录

第六章 股权战略四：好聚也好散的团队，设定完善的进入退出机制 // 105

第一节 新鲜的血液，带来永远年轻的团队 // 109
一、寻找下一个让蛋糕变大的合伙人 // 109
二、栽得梧桐树，引来金凤凰：引入新合伙人 // 114

第二节 老伙伴要走人，学会优雅和谐地收回股权 // 120
一、明确合伙人退伙原因 // 122
二、确定回购机制 // 126

第三节 准备好投资人加入了吗？ // 132
一、为融资预留份额 // 132
二、什么阶段引入投资人 // 133
三、引入怎样的投资人 // 135
四、投资人为动态股权架构带来新的发展空间 // 137

第七章 股权战略五：白纸黑字更有保障，让动态股权契约化 // 139

第一节 没有预先的分配计划，没人敢跟你玩 // 141
一、动态股权分配计划 // 144
二、配套文件 // 153

第二节 简单好操作，一个表格记录你的贡献 // 156

第八章 股权战略六：你不会失去控制权——设计好控制权，让动态股权"动而不乱" // 165

第一节 动态股权不会让你失去控制权 // 168
一、商业大片：万科控制权大战 // 169
二、敲响控制权的警钟 // 178
三、动态股权真的不会让你失去控制权吗？ // 179

第二节 做好这几步，老大始终是老大 // 180

XIX

一、股权控制 // 180

二、董事会控制 // 186

三、日常经营的控制 // 188

四、实操案例：行业老大不是那么好当的 // 189

五、股权投资时代已经来临 // 192

第九章 股权战略七：政策福利要抓住——做股权也要懂税负筹划 // 193

第一节 假设基本情况 // 196

第二节 几种方案的对比 // 198

一、动态股权激励的股权来源方案 // 198

二、各方案的操作程序和纳税情况 // 201

第三节 其他环节税收 // 208

一、持有期间取得现金分红 // 208

二、股权分配环节（适用对象：取得股权的合伙人）// 212

三、转让上市公司股票环节 // 215

四、转让上市公司限售股环节 // 216

第十章 股权战略八：我们的征途是星辰和大海 ——动态股权应用的其他场景 // 217

第一节 留住高端事业合伙人——人才激励 // 219

一、追赶一种趋势：人才之战 // 219

二、虚拟切割法：部门激励 // 222

第二节 如果我是总经理——裂变式创业 // 223

一、让狼闻到血腥味：芬尼克兹开创裂变式创业 // 223

二、用动态股权激励优秀人才进行裂变式创业 // 228

第三节 浴火重生的融资模式——股权众筹 // 229

一、人无股权不富：互联网+带来新的投资模式 // 229

二、股权怎么分：融资方公司股权架构 // 232

01

第一章

以史为鉴：他们踩过的坑，
你可千万别再踩一次

动态股权

第一章
以史为鉴：他们踩过的坑，你可千万别再踩一次

第一节
踩上股权地雷，
行业巨头也可能出局

不破不立，站在"动态"对立面的，无疑就是"静态"了。没错，我们要破的就是我们更为熟悉的、传统的静态股权分配模式。

所谓静态就是一种恒定、稳定的状态，通俗点讲，就是"不变"。静态的股权分配是指股权一旦划定并分配完成，股权结构就不再轻易变动。

我们接触到的公司，无论是初创公司，还是一些已有较大规模的公司，大多数都还是采用了静态的股权分配方法。常常是，大家决定一起合伙创办一家公司，首先是一起坐下来预先谈好股权分配比例，再去注册一家公司，然后开始创业。

这种方法有什么问题呢？

先来看一个大家耳熟能详的案例——真功夫。

动态股权
中国合伙人分钱分权的新技术

真功夫的股权之争，对商业稍有了解的人可能早就听过了，但是为了讲清楚静态股权的问题，我们再来一起回顾一下。

故事要从 1990 年开始讲起，那年，东莞开了一家名字为"168 甜品屋"的甜品店，老板是一个叫潘宇海的年轻人。1994 年，他的姐姐潘敏峰与姐夫蔡达标也一起参与了他的生意，三个人合作开店，创立了"真功夫"品牌，股权比例是潘宇海占 50%，蔡达标占 25%，潘敏峰占 25%。直到 2006 年，这个比例都没有发生过任何改变。期间，真功夫不仅在全国开了 100 家直营连锁店，成为中式快餐行业首家突破直营店百店大关的企业，还制定出中国餐饮业内第一套操作规程标准化的《营运手册》，正式成立了企业管理学院。

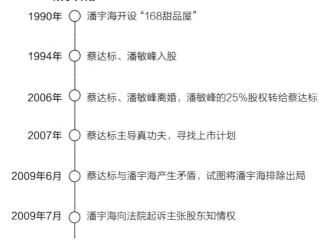

故事开始

- 1990年　潘宇海开设"168甜品屋"
- 1994年　蔡达标、潘敏峰入股
- 2006年　蔡达标、潘敏峰离婚，潘敏峰的25%股权转给蔡达标
- 2007年　蔡达标主导真功夫，寻找上市计划
- 2009年6月　蔡达标与潘宇海产生矛盾，试图将潘宇海排除出局
- 2009年7月　潘宇海向法院起诉主张股东知情权

第一章

以史为鉴：他们踩过的坑，你可千万别再踩一次

- 2010年2月 ○ 天河区法院判决真功夫进行审计
- 2010年8月 ○ 终审维持原判，司法审计开始
- 2010年9月 ○ 签订《关于真功夫餐饮管理有限公司股权转让及后续事宜之框架协议》及相关附件
- 2010年11月4日 ○ 潘宇海与妻子向公安部门举报蔡达标涉嫌经济犯罪
- 2011年3月17日 ○ 有关部门对蔡达标等人涉嫌经济犯罪展开侦查
- 2011年4月22日 ○ 蔡达标被捕
- 2012年6月1日 ○ 蔡达标非法占有使用公司3600万元的经济纠纷案一审宣判，蔡达标被判10日内返还真功夫3600万元反担保金。
- 2013年 ○ 蔡达标向法院起诉主张股东知情权
- 2014年5月 ○ 蔡达标向法院起诉主张股东知情权纠纷胜诉
- 2014年6月 ○ 蔡达标以职务侵占罪、挪用资金罪被判刑14年
- 2015年12月14日 ○ 蔡达标持有的14%真功夫公司股权以2.17亿元底价拍卖，因无竞买人应价导致流拍，拍卖标的被收回

从 2006 年到 2015 年，真功夫也是热闹非凡，但是并不是在开店和发展上，让我们看看在这 10 年里，真功夫经历了什么。

① 2006 年，潘敏峰与蔡达标的婚姻走到了尽头，双方协议离婚，潘敏峰的 25% 股权转给了蔡达标，真功夫的股权比例就变成了潘宇海、蔡达标双方各占 50%。

② 2007 年，真功夫发展势头迅猛，在蔡达标的主导下，真

功夫引入资本方，公司开始寻找上市的机会。

③ 2009 年 6 月，主导去家族化改革的蔡达标与仍然想保持传统公司治理方式的潘宇海产生了矛盾，蔡达标制定"脱壳计划"，意图实现对真功夫的控制，把潘宇海排除出真功夫。

④ 2009 年 7 月，潘宇海向法院起诉主张股东知情权。

⑤ 2010 年 2 月，广州天河区法院做出判决，认定真功夫拒绝大股东查账违法，要求其将相关账务信息交由会计事务所审计。

⑥ 2010 年 8 月，终审判决维持知情权诉讼的原判，司法审计开始。

⑦ 2010 年 9 月，为打破公司僵局，蔡达标与潘宇海、今日资本签订了《关于真功夫餐饮管理有限公司股权转让及后续事宜之框架协议》及相关附件。

⑧ 2010 年 11 月 4 日，潘宇海、窦效嫘（潘宇海之妻）向公安部门举报蔡达标涉嫌经济犯罪。

⑨ 2011 年 3 月 17 日，有关部门对蔡达标等人涉嫌经济犯罪一案开展侦查。

⑩ 2011 年 4 月 22 日，蔡达标被抓捕。

⑪ 2012 年 6 月 1 日，窦效嫘起诉蔡达标非法占有、使用公司 3600 万元的经济纠纷案一审宣判，蔡达标被判 10 日内返还真功夫 3600 万元反担保金。

⑫ 2013 年，蔡达标向法院起诉主张股东知情权。

⑬ 2014 年 5 月，蔡达标向法院起诉主张股东知情权纠纷

第一章
以史为鉴：他们踩过的坑，你可千万别再踩一次

胜诉。

⑭ 2014 年 6 月，蔡达标以职务侵占罪、挪用资金罪被判刑 14 年。

⑮ 2015 年 12 月 14 日，蔡达标持有的 14% 真功夫公司股权以 2.17 亿元底价在广州产权交易所拍卖，最后因无竞买人应价导致流拍，拍卖标的被收回。

梳理完上述真功夫 25 年发展及"斗争"始末，我们把时间拉到一张图上来看：从成立甜品店到蔡达标与潘敏峰离婚之前的 15 年里，整个企业内部是风平浪静的，企业也得以快速发展壮大。

从"蔡潘"二人离婚到蔡达标股权流拍的整整十年中，真功夫这个曾经被认为最有希望比肩肯德基、麦当劳的国内快餐品牌，卷入无尽的诉讼纠纷、股权纷争，最终以创始人锒铛入狱而告一段落。从蔡达标股权的流拍，可见真功夫已不复当年的辉煌。

在发展最好的黄金时期，却由于创始人之间不合理的股权分配，导致公司资源内耗，浪费了千载难逢的机会，投资人撤资，上市也失去了希望。这无疑是一个令人唏嘘的故事。

首先，有股权常识的人都会知道，股权对半分会带来不科

学的股权结构，可能会引发许多问题，比如两个股东一旦意见不合，公司决策便无法正常进行，从而形成僵局，影响公司的经营发展。真功夫后来的事情果然将这种"可能"演绎出来了。

对半分的股权比例是导致这场闹剧的主要原因，但我们再来复盘一下，这个故事中是否还存在着其他问题呢？

真功夫最开始的时候，无非就是一个餐厅，对于餐厅而言，厨师就是灵魂，这个时候，大厨出身的潘宇海对于真功夫的贡献是很大的；但在"电脑程控蒸汽柜"实现了中式快餐的标准化之后，企业规模越来越大，对厨师的依赖不复当年，而在这个阶段真功夫能够做得越来越大，与蔡达标的市场拓展是分不开的，这个时候，真功夫对潘宇海的依赖却越来越弱，蔡达标的贡献反倒是日益见长。

可以看出，潘宇海和蔡达标对公司的重要程度，在不同阶段是不同的，但是自从蔡达标与潘敏峰离婚之后，他们五五开的股权比例却从来没有变过。

正是由于股权分配与贡献程度不一致，导致一方想要将另一方"挤掉"，但又由于势均力敌的股权持有比例，谁都不能

第一章
以史为鉴：他们踩过的坑，你可千万别再踩一次

"挤掉"谁，形成了僵局，进而引发一系列连锁反应，最终导致了鱼死网破的结果。

大家看完真功夫的故事，会不会觉得有些熟悉呢？我们是否在创业的时候，也是与合伙人一起谈好了股权比例，然后就不管发展到什么阶段、不管谁做得多还是谁做得少了呢？是不是最初的这个比例，在登记进公司章程后，如果没有第三方的介入，就再也没有人动过修改的念头了？

这就是所谓静态股权的分配模式了。

在潘宇海、蔡达标两个人的心里，是否曾经因为各自的贡献程度不同，却无法匹配相对应的股权而有过困惑，甚至是否曾经尝试调整过，我们不得而知，但故事的结局如上所说，没有科学合理的股权分配模式，公司的发展大概率会受到影响。

麦当劳的故事和真功夫的故事，存在诸多相似之处。当年麦当劳也由于股权的初始分配存在问题，最后在企业发展阶段产生了重大的纠纷。但麦当劳的创始人就没有潘宇海那么幸运了。

麦当劳的创始人麦当劳兄弟留给世界的最大财富，就是麦当劳的快速系统和这个我们耳熟能详的名字，而他们得到的，不是这个庞大的麦当劳帝国，而是区区 2000 万美元支票，这与今天麦当劳的实际价值相比，可谓九牛一毛。而麦当劳故事中的"蔡达标"，即最终真正把麦当劳发展壮大的雷·克罗克，则名利双收。

关于他们的故事，我们在这里就不详细展开了，推荐一部

名字叫《大创业家》的电影，生动地演绎了麦当劳的那一段往事。

其实不管是真功夫，还是麦当劳，二者的故事都为我们指明了在股权分配中的一个误区，或者说得更严重一点就是：一个火坑，如果各位创业者看到了这个火坑，可千万记得绕开，不要往里跳。

这个火坑总结出来就是——你做出的贡献和你的股权无法匹配。

有句话说得好，不要考验人性，因为人性经不起考验。一个好的制度，一定是顺应人性来制定的，这样才可以将人的主观能动性激发出来。想一想，如果我们作为一个公司的合伙人之一，常年为公司奔波劳碌，却由于最初合伙的时候自己谈定的股权比例就只有那么一点，后期不管怎么努力，都不会改变原有的股权比例和地位。如此一来，是不是久而久之，就觉得失去了奋斗的动力？反正自己辛苦赚来的钱，也被大股东分走了大头，甚至还会感慨为什么有的大股东光拿钱却不干活。

初创企业的几个创始人，绝大多数都是由朋友、同学、同事这样的关系发展而来的，"人和"的特点非常突出。这也就让我们必须要把合伙人之间的关系放在第一位，一旦出现了上面的心态，那随之而来的，就只能是信任的丧失，最终面临的是公司散伙、朋友交恶的结局。

第一章
以史为鉴：他们踩过的坑，你可千万别再踩一次

第二节
少年维特的烦恼和中年危机：
股权危机一直都在

一、股权分配需求随企业发展阶段的变动而变动

为了方便读者理解，我们粗略地对企业的生命周期进行分段，将企业的"前半生"分为初创期、发展期、成熟期。

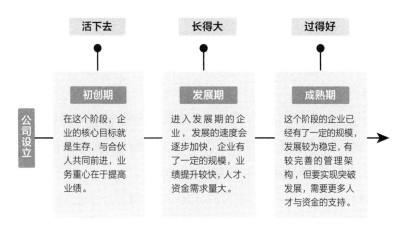

企业"前半生"发展要务

为了进一步深入理解，我们来看看我们的前半生是怎样度过的，以此来看看企业的"前半生"。

一个婴儿从呱呱坠地开始，每天最重要的事情就是吃饭、睡觉。婴儿太过于脆弱，无法和世界对抗，自然也就无暇顾及那么多的事情，唯独知道吃饭可以让自己活下去，于是饿了就哇哇大哭，吃饱了就开心地笑。

长大一点的孩子开始上学，每天吸收新鲜的知识，逐步开始建立自己的独立人格与价值观。他们已经不像幼儿时期的孩子那么不堪一击，能力和学识都在增长，他们更愿意有选择地去吸收那些能够使自己快速成长的东西。

孩子终究会变成一个成熟的大人，进入社会之后，面临着工作、生活、家庭各方面的压力，要赚钱，要事业有成，要生儿育女，要赡养父母。这个时候的努力，是为了让自己和身边的人都能过得好。

综上所述，我们可以总结出企业在各个阶段的核心目标：初创期的企业最关心的事情——活下去；发展期的企业最关心的事情——长得大；成熟期的企业最关心的事情——过得好。

对于处于初创期的企业而言，没有足够的资金，没有充足的人力，创始人的商业计划或许仅仅停留在脑子里，没有被残酷的商业社会所检验，在这种状况下，能够活下去已属不易。这个时候的企业常常都不赚钱，几个合伙人为了一个共同的梦想和蓝图而不知疲倦地奋斗。但就像我们前面所说，越是在初创阶段，"人和"的特点就越强，越是只有梦想，而没有切实可

第一章
以史为鉴：他们踩过的坑，你可千万别再踩一次

行的股权分配制度，这种关系就越脆弱而不堪一击。为了不让企业，甚至为了不让一个伟大的可能改变世界的想法，最终因为合伙人股权分配不合理而夭折，各位初创企业的合伙人要学着合理地利用你们手中最珍贵的资源——股权，让企业活得更好。

渡过了生存难关的公司，终于拥有了初步经过市场检验的商业模式，也拥有了一起打拼奋斗的团队，现在，是时候走上扩大生产、实现盈利的道路了。这个时候的企业，一般都初步构建了成体系的团队——技术团队、研发团队、市场团队甚至后勤保障团队，企业的人力资源架构也开始成型，大家各司其职，跃跃欲试，曾经遥不可及的梦想已经变成了一个一个具体的目标和数据，等着所有人去共同实现。此时，股权所能发挥的最大价值，就是用来激励与公司一同成长并将继续为公司做出卓越贡献的各位核心员工，他们的价值不能仅仅通过工资来体现，更重要的是给予他们股东身份。因为我们都知道，如果你想让员工像热爱自己的家庭一样来热爱企业，把这份工作当成自己的事业来拼搏，就不能只让他们永远做没有股权、没有归属感的"打工者"，而要给他们股东身份，让他们感觉到自己也是公司的主人。我们相信，阿里巴巴的蔡崇信，一定不是因为高工资才留下的。

随着企业发展逐渐稳定，核心人员实现了持股，企业也进行了几轮融资之后，稳定当前的现状，并且寻求新的突破，争取赚更多的钱，就变成了这个阶段的重点。创业终于称得上成

功了，合伙人和持股的核心员工也逐渐有了回报。我们都知道创业难，但守业更难，那些在创业过程中或多或少被掩盖或者没有暴露出来的问题，在守业的时候就会逐步开始暴露了，核心原因就是大家要直面分钱的问题了。而分钱的前提，一定是分股，尤其在没有特别约定的情况下，合伙人会按照股权比例进行分红。之前没有赚钱的时候，可能大家还没有过多地意识到股权的价值，但随着公司估值水涨船高，每年分红的金额逐步增大，这个时候，如果股东之间因为股权分配不均造成心态失衡，就可能对企业造成十分巨大的影响。

二、成熟企业的疑虑

股权分配问题对于初创企业和发展中的企业的影响显而易见，有的朋友可能会问，我们已经不是初创企业了，公司都平稳发展好多年了，股权分配还需要动态的调整吗？还能调整吗？

在我们接触的客户中，确实有许多已经做出一定成绩的、有一定市场地位的客户会提出这个问题。不过大家看看真功夫股权出现的问题，并不是在企业成立初期爆发的，它就像一个地雷，在企业已经做到行业领先地位，即将走向资本市场的时候突然爆炸了。其他案例，诸如麦当劳、雷士照明等，无一不是如此。所以，股权分配这件事情，无论在何时都不能掉以轻心。毕竟，这个世界上唯一不变的事情，就是变化。

当然，我们也能理解创业者的忧虑，毕竟对于一家发展成熟稳定的公司而言，股权频繁变动可不是一件值得高兴的事儿，这会给公司带来控制权不稳定、核心人员进入退出等诸多影响。不过大家也不用担心，在本书的第八章，我们专门为大家就如何保护自己的控制权提出了建议和操作方案。而企业人员变动影响公司股权结构的问题，则可以通过设立平台内部集中处理的方式来有效规避。

所以，股权问题将伴随公司的生命全周期，但是每个周期又会呈现出不同的侧重点，唯一不变的是，必须重视股权问题，一点儿也容不得马虎。

第三节
按需分配，方得始终

股权是公司最核心的资产，也是最重要、最值钱的资产。不管是一起创业打拼的合伙人，还是公司想要留下的核心员工，或是风险投资人，都希望能分得一定的股权。但细细考虑下来，由于每个人的角色不同，他们对持有股权的预期和诉求是有本质的不同的。

一、创始人持有股权，本质上是希望拥有公司的控制权

创始人是公司的第一个员工，是带来公司业务模式核心想法的第一人，他往往掌握着公司的发展方向，所以在分配股权的时候，首先要保证的就是创始人的控制权。控制权稳定了，公司的发展就可以朝着既定设计的轨道前进。如果企业有多个创始人，我们就需要更多地从"人和"的角度考虑，各方的价值观必须高度一致，对公司的未来发展必须形成一致的规划，只有这样才能在保证内部意见一致的情况下，集中力量发展公司，避免公司各合伙人之间的内耗。

二、核心员工持有股权，看重的是股东身份带来的被认同感

从核心员工的角度出发，他们持有股权，并非为了要参与公司的经营管理，他们更多的是看重股东身份带来的被认同感，以及股权分红和其他价值回报。因此我们在针对核心员工设计股权分配/股权激励方案的时候，要着重考虑员工的进入价格、持股比例、退出条件、分红方式等与核心员工个人利益息息相关的条款，用股权起到激励的作用；同时还可以设计员工的持股方式，充分发挥股权的各项功能。

三、投资人持有股权，看重的更多是投资回报

作为投资人，他们的需求更为直接——投资回报。一般来

说,他们既不在公司工作,也不实际参与公司经营,他们通过股权投资为公司发展提供必要的资金,期待的是在未来得到丰厚的股权价值增长回报后退出。所以投资人特别在意保护自己那部分股权的各项权利,无论是委派董事、监事来保证公司按照既定方向发展,还是在投资协议中增加优先认购、优先清算、领售权、随售权这样的条款,都是基于投资人这一特殊角色所带来的诉求。

所以,以上三类持有股权的人员都有着不同的诉求,作为公司的创始人,大概就能理解,为什么投资人一直与你谈公司估值,想让你承诺如果有一天他的股权要被回购,你要承担无限连带责任;也可以明白,如果员工持有了股权却没有被限制表决权,等开股东会的时候坐满了一屋子人,却始终无法达成决议的窘迫;当然,也一定能感悟到,自己一直以来担心股权被稀释,其实本质上是在担心失去对公司的控制权。

第二章

用最少的资源去撬动最大的利益：股权战略

动态股权

第二章
用最少的资源去撬动最大的利益：股权战略

第一节
股权是一个团队
最重要的战略资源

一、股权为什么重要

股权是当下的一个热门话题，时下流行的一句话就是"人无股权不富"，因此越来越多的人希望了解更多的股权知识。

拥有股权，就意味着成了公司的股东，《中华人民共和国公司法》第四条规定，公司股东依法享有资产收益、参与重大决策和选择管理者等权利。也就是说，股东可以从公司经营中获得经济利益，可以分红，公司做得好，蛋糕做得大，每个股东获得的经济利益就多；除了经济利益，股东还可以参与公司的决策管理，通过运作公司实现事业理想。

> **法条小贴士**
>
> 《中华人民共和国公司法》
>
> 第四条　公司股东依法享有资产收益、参与重大决策和选择管理者等权利。

基于股权的权利除了上面提到的这些,其实还可以按照不同的标准细分为很多种。比方说,按照为了谁的利益来行使的这一标准进行划分,那么股东为了维护自身利益而行使的权利就称为自益权;为了维护包括公司和全体股东利益而行使的权利就称为共益权。

在股权的各项权利中,最为大众所熟知的就是分红权,即股东按照出资或所持股权向公司要求分配盈余的权利,这也是股东的基本权利。

至于是按照认缴出资比例,还是实缴出资比例,或是按照其他比例进行分配,都可以由股东之间自由约定。不过,只要有机会成为股东,如果公司发展好,利润分红就少不了。

更令人兴奋的一点是,股权的价值往往是随着公司的发展而呈几何倍数增长的,如果有一天公司上市,股东手中的股权就成了他们实现财富自由的筹码。

例如,阿里巴巴上市前注册资本为 1000 万元,2014 年,它在纽约证券交易所上市,确定发行价为每股 68 美元,首日大幅上涨 38.07%,收于 93.89 美元,现股价 102.94 美元,股本仅为 25.13 亿美元,市值达到 2586.90 亿美元,收益率达百倍以上。相当于当年上市前 1 元原始股,现在变成 161422 元。腾讯也是如此,当年 1 元原始股,通过上市变成了现在的 14400 元。

这样的价值增长远远高于上班领工资,甚至高于大部分理财性投资。

在国内类似的例子可以说是数不胜数,每天都通过互联网的传播涌现到我们面前。我们不禁感叹，资本市场的魅力如此巨大。但在此时，你也一定会感叹，这里面最值钱的一个东西就是股权了，如果自己是这些公司的股东该多好，哪怕持有0.01%的股权都不得了。

这么值钱的东西，可真应了一句老话——物以稀为贵。股权是有限的，无论在哪家公司，而且不管这家公司发展得多么好，它的总量永远只有100%，但很多人是没有意识到的，不做股权规划，一味地拍脑门送股权。随着公司的不断发展，不同人会基于各种原因进入公司，公司的实际控制人会逐渐发现自己所持有的公司股权越来越少，然而，当他后悔当初"分"出太多股权时，为时已晚。

二、成功的股权分配可以稳住军心

公司成立后，首先需要做的一件事情就是对股权架构进行设计。很多人会说是否有必要用到"设计"这个词语，毕竟大多数创业者就是简单地按照合伙人的出资分配了股权，并没有什么"设计"在里面。这里有个简单的道理：如果你是要建一座几层的小楼房，可能不需要过多设计，但如果你是要建一座摩天大楼，那设计的重要性就不言而喻了。

成功的股权分配一定是"当分则分"。每一份股权都要用到刀刃上，绝对不是见人就觉得是个人才，是个人才就送股权。一切都需要提前做规划。

例如，蔡崇信在阿里巴巴创业之初加入，正是因为他对于阿里巴巴"十八罗汉"的股权分配问题做出了合理的设计，才使得所有合伙人都努力发挥自己所长，做出自己的贡献。不得不说，阿里巴巴的成功有一部分一定是归功于蔡崇信。他用他的分配机制让每一位合伙人都觉得自己的贡献受到了尊重，他们才愿意和阿里巴巴一起走下去，也才有了今天这个让人惊叹的互联网帝国。

成功的股权分配一定综合考虑了公司将来的发展需求。例如，会考虑到对高管、核心成员分类进行股权激励，还会考虑到公司将来可能要做股权融资，从而对相应的股权进行预留。从这一点上来说，创始人的长远眼光非常重要。

成功的股权分配不仅是股权在法律上的比例体现，更是企业在经营中各方利益分配的规则，这是股权设计最核心的内容。成功的股权分配可以用有限的股权资源调动合伙人、员工的无限潜能，协调好各方的利益，军心自然也就稳定了。

三、失败的股权分配如同诛心之剑

"千万别跟最好的朋友合伙开公司。"这是电影《中国合伙人》中由佟大为饰演的王阳说出的经典台词。

这其实是很多企业家所认为的企业倒闭的原因。表面看是大家经营理念不合，但实际上深层原因还是股权结构不合理。

如果股权结构不合理，那么不管合伙人开始是不是朋友，

第二章
用最少的资源去撬动最大的利益：股权战略

最终都会变成"敌人"。股权分配问题对于创业企业来说是不得不面对的问题，而且，如果在最开始的时候没有处理好，很可能为以后的创业失败埋下隐患。

在创业的"蜜月期"股东们可能不会发生太大争执，正所谓可以共患难，难以同甘甜。当创业到了一定阶段，基本步入正轨时，尤其容易出现分歧，面对股权分配情况，谁也不服谁，可能最终的结果就是分道扬镳，创业失败。

股权的分配问题贯穿公司发展的始终，一旦没有处理好，迟早有一天要出问题。失败的股权分配，会于无形间"诛人诛心"，结局自然是人心涣散，团队崩塌。

中国人做事讲究"天时地利人和"，更加讲究"天时不如地利，地利不如人和"。而一家公司要做好，"人和"同样很重要。在企业中不同的人有不同的需求，大都可以通过股权来体现。例如，合伙人需要持有股权从而拥有话语权，优秀员工希望持有股权从而拥有主人翁地位，投资人希望通过股权投资达到股权顺利变现的目的。处理好股权分配就是处理好"人和"问题。

我们发现分股权有个规律：就是前期好分、后期不好分。前期往往有大把大把的股权往外分的现象，搞得股权像烂白菜一样被"贱卖"，到后期项目做大了，急需要用股权解决问题的时候，就会面临这样的情况：新的合伙人急着要股权，但是公司没股权可发；老的合伙人的股权分得明显不公平，可是谁也调整不了。时间一久，人心必变，结局就很明显了。

当合伙人的能力愈发强大时，股权比例却依然不变，给人的感觉就是：不管自己多么努力，结果还是和刚创立公司的时候一样。有些合伙人已经没有最开始加入公司时那么努力了，甚至能力也不如自己，他们常常都只是在"假装工作"，自己却因为一开始的股权比例，就必须分得比他少。这样的分配方法，任谁也受不了，有能力、会做事的人得不到应有的尊重，迟早会离开。

第二节
好的领导者懂得用股权去排兵布阵

一、你是好的领导者吗？

（一）你是不是身先士卒——领导者要始终勇于贡献、贡献，还是贡献

在实施股权设计的过程中，往往需要一个领导者来带领大家完成，而这个人必须要能够服众。

对于一起创业的合伙人来说，什么样的人最能服众，一定是对公司贡献最大的人。这个人选必须满足两个条件，首先就是有很强的能力，比如专业技能、市场洞察分析能力等，有能

力才有可能为公司做贡献。作为领导者,最重要的就是在真实战场上的战绩,领导力最终一定都要转化为团队或组织的业绩。再好的个人领导力,没有业绩,都是空谈。

其次是要有奉献的精神,一定是本身就甘于为公司奉献的人。这样一个能奉献、愿意奉献的人,才能为公司的发展身先士卒,成为股权架构设计中的领导者。

(二)你敢接受挑战,与自己赛跑吗——领导者要有坚持不懈的创业热情和勇气

创业的本质其实都是相似的,就是一群人在一个人的带领下,共同做一件喜欢的事情,进而实现自身和团队共同的理想。所以作为一个领导者,一定要有激情。因为领导者要带领团队去完成既定的目标,那么他要能影响和感染团队,这就需要领导者一定要充满激情,一定要有坚持不懈的创业热情,点燃自己,燃烧团队。

面对各项挑战,领导者一定是勇往直前的,他的性格一定是敢于挑战自己的,这样才能不断突破自己的舒适圈,取得新的成绩,团队也才能被他带到一个新的台阶。

(三)你有个人魅力吗——领导者要有与众不同的格局

有句话是这样说的:领导人的格局,就是团队的结局。领导者的格局和视野,决定了团队的未来。领导者能否建立一个有效合理的发展目标和战略规划,直接关系到团队的长期发展。

作为领导者，在对公司做股权架构设计时，胸怀一定要宽广，能够认识到"独木难成林"，需要承认其他合伙人的贡献，不能觉得公司就是自己一个人办起来的，否则就很难有公平的股权分配了；除此之外，他应当拥有超前的眼光，如果别人可以看到前方500米，那领导者一定要看到5000米甚至更远的企业发展方向，对行业洞若观火，还得跟上各种行业趋势，并且精准定位。

当然，领导者还必须拥有极好的人品，不能为了一己私利在记录所有人的贡献时偏袒自己或某一方。领导者还要给合伙人树立榜样，因此，不只要做更多贡献，还得比其他人更努力。

总的一句话，领导者一定要有自己独特的人格魅力，这样才能在创业初期吸引合作伙伴并且带领团队走下去。

二、沙盘演练：我有一个创意，能使团队合伙人都满意

（一）他是代持人

股权分配中常常存在的问题就是，在创业之初就定下了所有合伙人的股权比例，定下之后就不再面向将来。没有考虑将来合伙人可能会有更多的贡献，也没有考虑将来可能还有更优秀的合伙人出现，甚至连将来如果公司缺钱要做股权融资怎么分股权都没想过。

其实以上所说的，就是静态的股权分配方法。

静态股权的弊端很多，在此不作赘述。我们不预设静态

第二章
用最少的资源去撬动最大的利益：股权战略

股权必然失败这种情况，因为确实不排除，有很多企业的股权比例看起来极其不合理，却发展得比较好，但这一定是少数的，一旦走上更加正规的市场，这些企业就不得不做出改变了。

我们都知道，不能奢求所有人都是圣人，因此，我们在此也不是全盘否定静态股权分配制度，而是寻求一种适用于所有普通人的股权分配制度，这种制度会更多地依靠制度本身，而不是人，这个制度就是动态股权分配机制。

1. 动态股权分配机制的原理

我们要介绍的动态股权分配机制，就是把公司所有的股权或者部分的股权按照合伙人的贡献来进行动态分配，具体的股权分配时间是在实际贡献产生之后进行，而不是在公司设立之初就把股权分配完毕。

这里就需要提前把用于该阶段动态股权分配的股权确定出来，在实际操作过程中，这部分股权常常会由一个人来统一代为持有（这个人一般而言就是之前我们推选出来的领导者），等到每个里程碑达到，确定每个合伙人应当分得的股权份额时，再由其将代为持有的股权转让给具体的合伙人。

2. 认同实际股权和工商注册股权的不同

这时候会存在一个问题，就是持有尚未分配股权的领导者，持有的股权与其按照自身贡献实际应当持有的股权比例是不一样的，此时需要所有的合伙人认同这一差异的存在。在实际操作中,常常会以法律文件的形式对其持有股权的"来龙去脉"进行确认和说明。

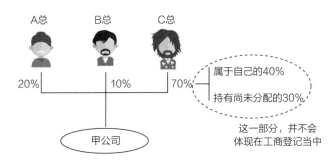

上面所提到的由特定的自然人进行代持的方式,是目前市面上比较常见的一种操作方法。然而,我们团队在实践中还经常用到另一种方法,即由有限合伙企业来代持股权,其实就相当于设立一个股权池。通常的操作方法是设立一个有限合伙企业作为持股平台,来持有本次动态股权分配计划中所有将用于动态股权分配的股权,当达到相应的里程碑后,再由该有限合伙企业将相应的股权比例转让给合伙人。

(二)我们是合伙人

在实际操作中,动态股权分配中有四大要素:目标、里程碑、贡献点、贡献值。

1. 目标

动态股权有个重要的原则就是以终为始,即以终局思维来设计股权架构。因此,制订计划前先要了解公司的战略目标,一般以三年[⊖]为一个周期，当然初创企业或者发展特别快的企业，制订计划的周期也可以相应缩短。我们在为企业设计动态股权架构时通常都会问企业家三年后的目标是什么，而且这个目标是可以量化，并且是有可能完成的，好高骛远的目标一定是形同虚设的。

2. 里程碑

里程碑，也就是我们所说的阶段性目标，它其实很像OKR（即目标与关键成果法）中的关键成果。里程碑通常是根据公司的情况来划分的，大多数企业通常是一年一个里程碑，有的发展较快的高科技公司也可以是半年一个里程碑。每达到一个里程碑就可以开始分配股权了，里程碑就是公司分配股权的时点。例如：公司完成400万元销售额，即分配10%的股权。

3. 贡献点

动态股权有一个非常重要的特点就是公平。而这个机制最能体现公平的一点，就在于贡献点的设置。不同的合伙人对公司会有不同的贡献，从而也就对应不同的贡献点。比如，有的人擅长技术，有的人擅长销售，有的人则擅长维系人脉关系，而种种不同的贡献都可以通过设置贡献点来体现，做出不同贡

[⊖] 中国证券监督管理委员会颁布的《首次公开发行股票并上市管理办法》规定，对发行人主体资格、财务会计的数据审查期均为三年，同时，大量实践表明，一般企业从生存期到成熟期需要三年。因此，一般建议企业以三年为一个战略发展周期。

献的人不能以同样的标准来衡量，而要因人而异。比如对于一家科技公司的技术岗位设置的贡献点，其中有一项是"bug率"；对于一家医疗行业的医疗专家岗位设置的贡献点，其中有一项为"受邀参加全国性专业讲座"……因此，贡献点的设置一定是定制化的，要综合考虑行业特征、企业特征以及人员特征。

4. 贡献值

有了贡献点，当然就要有对应的价值。通俗地说，就是每个贡献点到底值多少钱，应该有个衡量标准。在实践中，贡献点常用的衡量单位一般不是"元"，我们常常会描述为多少"点"，这样也是避免与金钱混同，因为有些贡献点是很难用金钱来衡量的，金钱体现的是当期价值，而股权体现的是未来价值，维度不一样，就不能混为一谈。

在实现阶段性目标的过程中，会有专人对各个合伙人的贡献进行如实记录，并留存相应凭证，待达到相应的里程碑后，将会按照各个合伙人的贡献值比例，来分配该阶段性目标完成后应当分配的股权。

（三）团队的规则不能是你一人说了算

根据公司的情况，如果是几个合伙人共同发起设立公司，合伙人共同决定实施动态股权的，最好能让大家一起参与规则制定。也就是要让所有合伙人都认同这一游戏规则，这个游戏才能继续玩下去。

在实际操作中，首先，动态股权的方案需要大家认同；其次，合伙人的贡献点情况，也需要每个合伙人本人来进行确认，每一个贡献点的价值大小是否合适，也可以由合伙人共同进行探讨。

当然，有一些公司情况会比较特殊。比如一些公司本来就只有一个创始股东，其他人都是后来陆续加入的，那么这类公司在制定分配股权规则时，则更有可能是创始合伙人先提出一个方案，再征询团队的意见，而不是大家一起来讨论得出结果。

03

第三章

股权战略一:向着目标,在大处着眼,小处着手——按里程碑来定义贡献

动态股权

第三章

股权战略一：向着目标，在大处着眼，小处着手——按里程碑来定义贡献

第一节
目　标

通常情况下，创业之初的情景是这样的：

几个好朋友打算一起创业，商量着你出 20 万元，我出 40 万元，他出 40 万元，随后就按照投入的资金比例进行股权分配：你 20%，我 40%，他 40%。

划分股权比例的时候，我们想的是什么呢？常常是"我现在出了多少钱，就拿多少股权"，也就是股权比例一定要体现你当下的付出。

体现当下付出是没有错的，毕竟大家都拿出了真金白银给公司，做出了实实在在的贡献，当然要在分配股权的时候体现出来。

但问题来了，公司的股权只有 100%，一下子就分完了，那将来再有人加入，或者现有的伙伴做出了新的贡献，怎么调整股权呢？

这个时候我们常常会听到有人说："别管那么多，先做起来再说，钱都还没挣到，想什么分钱的事情啊！等赚钱了再来说

分钱的事情。"

当然也会听到有人说:"咱们就算是亲兄弟,也该明算账,虽然现在还没赚钱,但是也要先说清楚,以后挣了钱每个人分多少!"

创业者在创业初期,最容易产生"不谈利益分配"或者"乱谈利益分配"的想法。如果把创业的过程比作烤蛋糕的过程,最常见的两种误区是:要么蛋糕还没烤好就靠想象把蛋糕分了;要么索性不分蛋糕也不商量分蛋糕的规则,等到蛋糕烤好之后,再乱嚷嚷地"争蛋糕"。

其实,你会发现,很多人在创业的时候不具有全局观,不会考虑长远目标和规划,只顾当下,只看眼前,公司的未来往往只是一个模糊的概念和想法罢了。这些创业者在分配股权时,会自然地植入"静态思维",不分阶段,不看长远目标,要么不定规则,要么"定死"规则。而我们知道,这个世界上唯一的不变就是变化本身,我们在做好眼前事情的时候,还需关注未来的发展。

一、以终为始,设计股权架构

动态股权最大的不同之处,在于是以终局思维设计股权架构的。

我们在和客户接触时,常常首先会问客户:公司近三年或者近五年的战略目标是什么?

第三章
股权战略一：向着目标，在大处着眼，小处着手——按里程碑来定义贡献

因为我们做股权架构设计的目的，就是为了帮企业家实现目标，成就他们的创业构想。

企业家找律师设计股权分配方案，其实他们更深层次的需求是在寻求一种利益分配的方法，而不仅是解决当下的股权该怎么分的问题。

我们认为，不以实现企业战略目标为方向的股权分配方法都是在耍流氓。

二、确定目标要遵循"SMART"原则

确定目标一定要符合"SMART"原则：S（Specific）是指具体设定的目标不能笼统，一定要具体明确；M（Measurable）是指可衡量，目标是数量化或者行为化的，验证这些目标的数据或者信息是可以获得的；A（Attainable）是指可以实现，避免设立过高或过低的目标；R（Relevant）是指相关性，指设置的目标与工作、目标之间是有关联性的；T（Time-bound）是指有时限，是说目标的达成有截止期限。

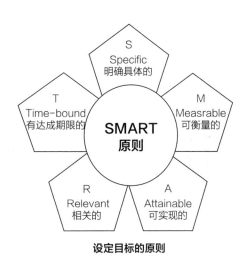

设定目标的原则

具体而言就是以下几点：

(1) S——Specific，指"明确具体的"，尽量量化成数字。

例如，某公司要完成销售额翻倍的目标，首先就需要确定原来的销售额是多少，另一方面还要确定具体的翻倍倍数，关于销售额这种目标还可以直接定为完成多少钱的销售额。诸如此类，只要是用程度副词的目标，比如很多、最多、非常多，这些都是不合格的，因为没有量化，可能只有制定者心里清楚，当然有可能制定者自己心里也不清楚这些没有量化的目标意味着什么。因此，对于要切实操作的人来说，模糊的目标有时候比没有目标更困扰。

(2) M——Measurable，指"可衡量的"，即可以按一定标准进行评价。

例如，我们曾经服务过一家刚刚起步做大健康行业的企业

第三章
股权战略一：向着目标，在大处着眼，小处着手——按里程碑来定义贡献

客户，老板张总是一位海归，青年才俊。在我们首次见面时，张总就曾对他的创业理想侃侃而谈，他给我们描述了目前中国大健康行业的现状，以及自己在国外旅居多年积累的相关经验，同时还在全球各地找到了与自己志趣相投、同频共振的合伙人，他说自己的梦想是做中国最好的大健康企业，将来要将子公司开遍全中国。听了他的传奇经历后，我们问他：落脚到创业前三年公司的目标是什么？张总说他要在三年内做西南地区最大的大健康企业，这是一个很宏伟的目标，听起来就让人觉得非常有抱负，热血澎湃。

但是，这个"最大"是指什么意思呢？有没有衡量标准呢？最大是不是就意味着最好呢？是开的分公司最多，还是直营店或者加盟店最多，还是说营业额最高呢？亦或者说是知名度在西南地区达到最高？张总回答说暂时没有想到那么细，自己认为只要和合伙人一起努力，一起好好干，将来有一天必然会达到目标的。说了这么多，我们还是不知道他所说的"最大"到底是什么意思。

上面这种情况就是衡量标准难确定、不明确的情形。

（3）A——Attainable，指"可实现"，设立的目标要有挑战性，同时又是可以实现的。

我们常常说目标一定要有挑战性，意思就是至少要跳一跳才能够得着，而不是轻松就能达成。如果是轻松就能达成，那也没必要用动态股权的方法来激励合伙人向前努力了。

这里说的有挑战性，虽然强调的是鼓励大家设置超出自己

能力范围的目标，但也不能超出太多，前提一定是可完成的。

我们之前在重庆服务过一个做连锁美容院的客户，在初期刚设立了一家美容院的时候，实际控制人唐总就找到我们，希望采用动态股权的方式搭建美容院的股权架构，将来不断复制激励模式，扩大规模。与唐总沟通后，唐总提出美容院的业绩目标，也就是前面我们提到的里程碑为：从 2018 年 1 月到 6 月，美容院的营业额达到 260 万元。

但是在尽职调查阶段，我们和公司的运营总监牛总沟通后了解到，美容院的接待量是有上限的。4 个美容师，每个人每小时可以接待一个客户，每天工作 8 小时，那么每个月满负荷接待能够实现的营业额 = 32 人次 * 500 元/人/次 * 30 天/月 = 480000 元，6 个月能够达到 288 万元。但对于一个刚成立两个月的美容院而言，这几乎是不可能完成的任务。如果要达到 2018 年上半年的目标，即到 6 月底实现销售额 260 万元，就相当于是从 1 月开始，每个月每天都要满客才有可能做到，但从目前经营情况来看，2018 年的 1 月至 2 月的销售额离上述计算方法下的目标业绩就差很远，所以牛总说预计要在 6 月达到 260 万元营业额的目标，基本上是不可能的。

但唐总却认为是大家还不够努力，努力一下可能就达到了。其实这就是对公司的现状认识不清，设定的目标远远超出了能力范围，这样的目标，不但不可能完成，也不会起到激励大家的效果，甚至还有可能会起反作用。因为大家打心底里认为这个目标完不成，那相应阶段的待分配股权也可能因此分不到手，还不如

第三章
股权战略一：向着目标，在大处着眼，小处着手——按里程碑来定义贡献

破罐子破摔，完成什么目标都随缘，索性就不努力工作了。

（4）R——Relevant，指"相关的"，如果设置多个目标，目标之间要有关联。不管你的企业或团队有多大，目标不能超过五个。

目标再多，其实方向只有一个。如果企业设定多个目标，那这些目标一定是相关联的，如果没有关联，那最后的方向一定是不一致的。只有相关联的目标才会有可能彼此推进。

（5）T——Time-bound，指"有达成期限的"，要明确完成时间。

在和企业家沟通的时候，我们常常会了解到很多宏大的梦想。例如"我要成为下一个马云""我要先赚到1个亿"等。

大话西游里至尊宝说："如果上天能够给我一个再来一次的机会，我会对那个女孩子说三个字：我爱你。如果非要在这份爱上加上一个期限，我希望是——一万年！"

对的，我们在设定目标时也需要有一个期限。如果有一个人跟说"我要在10年内成为下一个马云"，会比"我要成为下一个马云"好很多，因为前者有期限。

但是，我们在制订动态股权分配计划时设定的时限，不应当是这样一个过于漫长的时间。

因为大家做事情会发现一个道理，那就是：时间越长，越难聚焦，越难以实现目标。时间越长，中间发生变数的可能性就越大，那么最终目标能否实现也很难考证了。

所以在做动态股权方案的时候，总体目标达成时间一般设定为3～5年，这个时间一般就是一家企业从生存期、发展期到成熟期的过程。

三、动态股权就是 OKR 在股权分配上的体现

OKR（Objectives and Key Results，目标与关键结果法）是一套明确和跟踪目标及其完成情况的管理工具和方法，其特色是通过结果去衡量过程。所以，OKR 其实是一种目标管理工具，围绕目标来指导大家的行为，这一点和动态股权的理念是一致的。动态股权激励合伙人以达成目标为核心，合伙人在各自的岗位上或者职责之外为公司做出贡献，最终的目的都是为了达成目标。

不过，OKR 和动态股权还是略有些区别的，OKR 只是在某些时候被用于绩效管理，而动态股权的绩效管理功能却比较明显：比方说，如果没有达成目标或者没有完全达成目标，则体现在动态股权分配中，就是当期不分配股权或者就预分配股权比例进行打折分配。

OKR 不是一个单纯的绩效考核工具，它甚至可以与你的绩效工资没有关系的，关键看设计它的时候要不要和 KPI 结合起来。

如果说 KPI 是企业告诉员工"你们必须达到这个标准"，其实是在说"要你们做什么事情"；那么 OKR 在进行了固化以后就应该是让员工自己能明白"你们取得了这些关键结果就可以实现目标"，其实是在说"你们要做什么事情"。

这样看来，其实也可以说动态股权是 OKR 与 KPI 结合后的一个产物。

大多数情况下，适合应用 OKR 的企业有下面几种：

（1）创业企业：战略目标并不清晰，需要不停地探索来确

第三章
股权战略一：向着目标，在大处着眼，小处着手——按里程碑来定义贡献

认企业的战略，在这个基础之上，拿 OKR 来作为绩效考核方法是有帮助的。

（2）高科技企业：员工的素质与能力均很高，自我管理能力强，企业的发展方向也一直处在调整状态，比如现在的互联网企业等。只需要制定出"O"（目标），并找到对应的"KR"（关键结果），员工便能在工作中很自觉地对 KR 进行调整与修订。

（3）创新企业：组织结构扁平化，需要提高员工的决策与自主能力。

其实从 OKR 与动态股权的相似角度来看，你可以通过分析适用 OKR 的类型企业，来推断出哪些企业更适合应用动态股权分配机制，二者的公司类型一定是存在高度重合的。

所以说，如果是正在使用 OKR 的公司，尝试引入动态股权会变得比较容易，在动态股权的实践操作中，其实就是把 OKR 与部分 KPI 理念结合起来了。如果公司已经有了自己的 OKR，就可以把众多个"O"中最重要的"O"作为实施动态股权的目标，要求所有合伙人都朝着这个目标去努力。

例如，某个电子游戏公司在制定 OKR 时，要求在三年内达到 1 亿元的销售额，这就是"O"。如果这家公司要引入动态股权，就可以把这个 1 亿元作为公司的三年总目标。要达到这个目标，通常要设置一系列的"KR"，也就是关键结果，这家公司就可以尝试按照公司之前的销售情况把这 1 亿元的目标拆分到三年中。比如第一年 2000 万元，第二年 3000 万元，第三年 5000 万元，当然这个结果一定是经过测算的，是要符合

"SMART"原则的,在此就不再赘述了。要实现1亿元的目标,就要一步一步地取得这些关键结果,比如第一年达到2000万元,就算是完成了当期目标,达到了分配股权的里程碑。

如果仅仅按照OKR的原理,这个结果是可以允许打折完成的,而打折完成的结果,不会明显地反映在各位合伙人或员工的收益上。但是在动态股权的机制中则会明显反映出来,呈现方式就是,如果这2000万元只完成了1600万元,也就是只完成了80%,可能就会约定股权只分当期的80%,甚至有可能直接约定不分。所以,在为公司设定OKR和参照OKR的方法为动态股权设定里程碑的时候,要注意这些区别,不能简单地套用。

第二节
里程碑:团队无目标地努力,犹如战士在黑暗中远征

一、里程碑

(一)什么是里程碑?

俗话说"一口吃不成个大胖子,罗马也不是一天建成的"。如果要实现一个三年或是五年的目标,定下目标后,我们只用

第三章
股权战略一：向着目标，在大处着眼，小处着手——按里程碑来定义贡献

埋头苦干就行了吗？当然不是！

其实三年或五年的目标，时间还是太长，还是没有办法精准地引导合伙人向前冲，而且时间长了，大家努力一两年还看不到希望，就很容易放弃。因此应当对长期目标进行拆分，拆分后就得到了阶段性目标，也就是一个个的里程碑。

所以，合伙人不必等到实现了几年后的目标再来分配股权，可以在半年内或者一年内实现一个阶段性目标后即分配部分股权，实现下一个阶段的目标后又可以分配另一部分股权。这样持续的计划及分配，不但能及时根据客观情况调整公司的发展目标，也能让合伙人享受到每个阶段的成果，同时又能起到持续的激励作用，使企业能够更"接地气"地发展，合伙人也有劲儿继续往下走。

（二）如何划分里程碑：设置贡献点

说到里程碑不得不提 OKR，你会发现 OKR 中的"KR"，也就是关键结果，就非常像这里所说的里程碑。我们知道"KR"是可以不断进行细化的，也就是可以有第一层级的"KR"，还可以有第二层级的"KR"，甚至是第三个层级的"KR"。可以根据"KR"设置贡献点（第四章会详细阐述），然后再根据贡献点划分里程碑。

根据我们的实践经验，设置贡献点要遵循三个原则，同时贡献点具备五个特点。

设置贡献点的三个原则如下：

1. 能量化的要量化

除了用数字，还可以结合时间、成本、评价等这几个维度来表示。例如，半年内完成销售额260万元，就是一个相对量化的里程碑。

2. 不能量化的要细化

细化是把贡献点进行分解，做到什么程度、达到什么标准、由谁负责，都要搞清楚。

例如，我们服务过一家做办公系统的客户，他们有一个很重要的目标就是要完善系统，但是系统做到什么样才叫完善，这个可能很难说。于是我们对这个任务进行了分解，例如，需要每个月更新一次系统，对bug的反应速度根据bug级别的不同有各自明确的时间要求，等等，这些事项的进行都由公司的技术总监来完成。这就是把不太能量化的词"完善"做了细化，分解了完善系统这件事情需要做的动作和标准。

3. 不能细化的要流程化

例如，做某项工作的流程有八个步骤，如果这八个步骤都做完了，达到了一定的标准，即视为达到了贡献点。

贡献点具备以下五个特点：

1. 必须是按这个方向及正确途径去做，就能实现目标的

其实也就是说"KR"和"O"的方向要一致，换成动态股权的场景中也比较好理解，就是贡献点的设置一定是为了完成当期里程碑的目标而设定的，完成了一个一个贡献点，最终就

第三章
股权战略一：向着目标，在大处着眼，小处着手——按里程碑来定义贡献

会达到相应的里程碑。比如说，一家公司打算在未来三年成为西南地区连锁门店最多的诊所，那么其里程碑一定是在西南地区开××家诊所，一定不会是在西北地区开××家诊所。这就是目标与里程碑的方向要一致。

2. 必须是具有挑战性的

道理很简单，当你的总目标具有挑战性的时候，你的阶段性目标怎么可能不具有挑战性呢？

3. 必须是以产出或者结果为基础的、可衡量的，可设定评分标准

当达到里程碑时点时，如果里程碑百分之百实现了，则建议全额分配预先设定好的该阶段应当分配的股权比例；如果没有完全实现，则会分情况讨论，例如：实现80%以下不分配，实现80%以上不足100%则按照实现的比例来分配股权。当然这里的评分标准可以根据公司的情况来调整，不一定以80%为依据。

4. 不能太多，一般每个阶段的贡献点不超过四个

在动态股权中，不宜设置太多贡献点，一般不超过四个，但也应结合公司的营利周期来考虑，并不必然限制在四个以内。

比如，我们服务过一个做网站服务的公司，因为是高科技公司，发展速度很快，每半年就能看出一定的成效，所以我们设定每半年为一个里程碑，总目标实现时间为三年，也就是一共设置了六个里程碑。

5. 必须是和时间相联系的

这一点很好理解，我们每次提到里程碑，都在强调时间点。

二、预分配股权

预分配股权涉及两个方面：一方面是总的预分配股权；另一方面是某个阶段的预分配股权。

在做动态股权分配时，到底该分多少股权出去，或者说拿多少股权出来做动态股权，这是企业家们最关注的核心问题。

1. 全动态股权分配

全动态股权分配的操作方案是，公司的所有股权由某一位股东代持，然后设定动态股权的分配规则，待达到相应的里程碑时，就分配股权，分配方式是由代持股东进行股权转让。

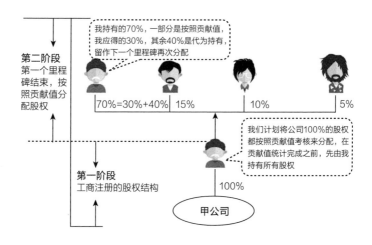

2. 半动态股权分配

所谓"半动态"，是相对"全动态"而言的："全动态"是指将公司100%的股权拿出来，全部按照贡献值来进行分配；而

第三章

股权战略一：向着目标，在大处着眼，小处着手——按里程碑来定义贡献

"半动态"的分配方式是指将一部分股权拿出来，按照提前约定好的比例分配给合伙人，分配给他们的这部分股权比例是不变的，然后将剩余的股权按照贡献值来进行动态分配。

在实际操作场景中，常常是几个合伙人先拿出一部分股权，按照初始的投资贡献或者其他考量因素来分配，剩下的股权进行动态分配。

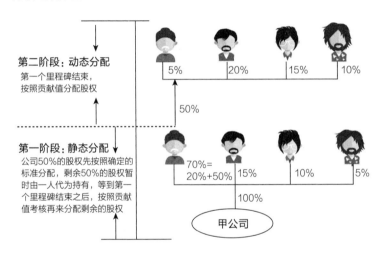

3. 动态股权分配的问题

不管是"全动态"还是"半动态"，我们会发现，只要"动起来"就会涉及一个问题，那就是"股权变动"。因为按照动态股权的机制，每达到一个里程碑就会对该阶段的贡献值进行计算，将贡献值转化为相应的股权比例，然后进行股权变更，只有当大家的努力转化成切实的股权，体现在工商备案中，才是对贡献的最大认可，也是鼓舞合伙人不断去努力的灯塔。

但是，我们需要意识到一个问题，就是频繁的股权变动可能会对公司的稳定性产生影响。可能带来的一个后果就是公司会变得缺乏实际控制人，或实际控制人频繁变动，这一点可不是投资人愿意看到的。

有可能第一个里程碑后你的股权比较多，第二个里程碑后他的股权比较多的情况。也许最开始是你比较有话语权，而且你也是一个比较明智且善于做决策的人，但是后来由于贡献增加，你的合伙人分配的股权比例比你多了，按照所持股权比例来进行表决的话，这个合伙人的意见将会占有更大的分量，从而影响公司的发展，那这个合伙人是否善于管公司，是否善于做决策就会变得很重要。人人都有可能做老大，这个结果听起来似乎很公平，但却不是那么合理。

要清楚，不是所有人都适合做老大、做决策的，而且大多数合伙人说到底要的是利益分配，而不是权力分配，所以没有必要把决定公司生死的大权交到不善于做决策也没有能力做决策的人手上。

面对这种控制权变动或者分散的问题，有人会说，可以签一致行动人协议。是的，对于决策的一致性来说，这是个好主意，但实际上你会发现，还是没有解决股权频繁变动的问题。

在公司层面进行股权变动还可能存在另外一个问题，那就是税的问题，如果每次股权变更都采用代持股东转让股权的方法，那随着公司发展越来越好或是投资人的不断进入，公司估值越发提升时，转让股权所带来的税费也会相应增加。

第三章
股权战略一：向着目标，在大处着眼，小处着手——按里程碑来定义贡献

那么我们在实际操作中该怎么解决呢？

在实际操作中，出于维持公司股权稳定、控制权集中，同时保障合伙人利益分配的目的，我们常常会建议实施动态股权的公司设置持股平台。操作方式一般是设立一个有限合伙企业，把要用于动态股权分配的股权先转进去，而所有要参与动态股权的合伙人就作为这个有限合伙企业的有限合伙人，来分配这个合伙企业的财产份额。

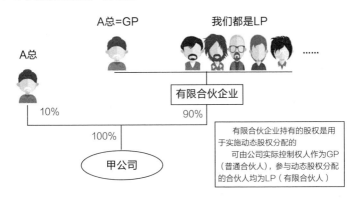

> **法律小贴士**
>
> 　　合伙企业是指由各合伙人订立合伙协议，共同出资，共同经营，共享收益，共担风险，并对企业债务承担无限连带责任的营利性组织，从形式上分为普通合伙企业和有限合伙企业。
>
> 　　普通合伙企业：普通合伙企业由普通合伙人组成，合伙人对合伙企业债务承担无限连带责任。
>
> 　　有限合伙企业：有限合伙企业由普通合伙人（General Partner, GP）和有限合伙人（(Limited Partner, LP）组成，普通合伙人对合伙企业的债务承担无限连带责任并执行合伙事务，有限合伙人以其认缴的出资额为限对合伙企业的债务承担责任，并按照合伙协议约定的方式享受利润分成，但不执行合伙事务。

这就解决了公司层面股权频繁变动的问题,因为股权已经提前转给了持股平台,所有的动态股权的实施都是在持股平台内部进行。而且,有限合伙企业有个很特别的规定,就是整个有限合伙企业的决策权都掌握在普通合伙人手里,在做决策的时候也很方便。

4. 分多少才合理?

(1) 总共该拿出多少股份?

拿多少股份来做动态股权合适呢?很难给大家一个放之四海皆准的方法,但是有一些注意事项。

首先,要知道,拿出来做动态股权的这部分股权,就注定只能用作动态股权了,没办法再拿去融资了。投资人只是为了投入最少的钱来拿到最大的回报,他们常常是纯财务投资人,以贡献为基础的动态股权机制对于他们来讲并没有太大的吸引力和存在价值。所以在分配用于动态股权的股权比例时,一定要考虑到用于融资的股权比例的预留问题,或者说应当有相应的协议,提前约定好将来投资人进入时所有股东需要同比稀释股权的问题,等等,说到底其实还是要考虑到提前预留股权。

其次就是初始贡献衡量的问题,也需要拿出股权来提前进行分配,而不纳入动态股权,当这些情况都被考虑到了,再来划分用于动态股权的比例,就会相对合理。

(2) 每个里程碑该拿出多少股份?

蔡聪老师在《创业公司的动态股权分配机制》中提到过股

第三章
股权战略一：向着目标，在大处着眼，小处着手——按里程碑来定义贡献

权分配的方法有两种：一种是固定比例分割法，另一种是剩余比例分割法。

固定比例分割法，简单来说就是事先确定每个里程碑要分配的股权比例。比如公司拿出30%的股权比例来进行动态股权分配，按三个里程碑来分配，第一个里程碑分配15%，第二个里程碑分配10%，第三个里程碑分配5%。如下图所示。

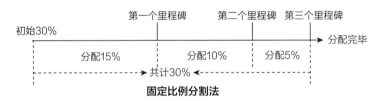

固定比例分割法

而剩余比例分割法，就是每次达到里程碑后，分配未分配的用于动态股权分配的股权的一个比例。这样做，就会让公司看起来似乎永远都有股权可以分。举个例子，如果公司同样拿出30%的股权比例来进行分配，可以约定第一个里程碑分配剩余股权的50%，也就是分配15%的股权比例；第二个里程碑分配剩余股权比例的50%，也即是分配15%的50%，也即是分配7.5%的股权，以此类推……

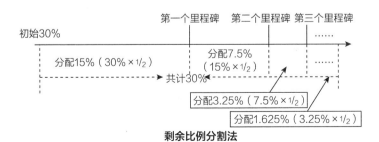

剩余比例分割法

这两种方法很难对比出优劣，要看公司实际需要。如果公司属于合伙人数量相对固定的类型，就可以采取固定比例分割法，分完相应比例后，公司就趋于稳定发展了。

如果公司属于需要源源不断地引入人才的类型，那么采用剩余比例切割法会显得非常有吸引力，而且一直有合伙人进入，也一直都有股权可分。

那么每个里程碑实现后该分多少股权呢？

这个问题也没有标准答案，但有一个大的原则，就是：前期分的比例多，后期分的比例少。

因为我们都知道，在公司的发展阶段中，生存期是最难度过的阶段，那些和你一起共患难、打江山的人真的是最不容易的，他们承担的风险最大，刚开始的收益也不是最可观的，想要让他们安安心心和你一起共创未来，那就需要在这个阶段拿出最多的股权来分，这也是公司实际控制人最大的诚意。

按照这个原则，从理论上来讲后面进入的合伙人一定会比前面的合伙人分的股权少，但是你要知道，如果公司实现了一个个的里程碑后，则说明公司的发展也是越来越好的，每一份股权比例的单点价值也是呈几何倍数增长的。虽然后面的人股权比例较少，但是价值却不小。

总而言之，每个里程碑到底要怎么分配股权，除了要遵循公司发展规律，按照前多后少的原则进行外，还需要考虑公司的性质，公司对于人才需求的程度，甚至还要结合合伙人的性格来综合确定。还是那句话，没有最完美的股权分配方案，只有最合适的股权分配方案。

04

第四章

股权战略二：让你的贡献和股权清晰可见——量化贡献并实现计提

动态股权

第四章
股权战略二：让你的贡献和股权清晰可见——量化贡献并实现计提

贡献点和贡献值解决的是分配股权的依据问题：贡献点确定了提供哪些资源和做出哪些贡献能够拿到股权；贡献值则是进一步衡量依据这些努力和付出，你究竟能拿到多少比例的股权。

简而言之，贡献点解决的是"有无"的问题，只要前期合伙人达成一致，确定哪些资源可以作为贡献点，那么后续所有参与分配计划的人，只要有针对性地去实现这些贡献点就行了。

虽然在实际的操作过程中，有些企业会因为增减合伙人或者企业发展方向调整等各种原因，对已确定的贡献点做出调整，但是总体而言，还是在原来的基础上微调，调整过程也比较直观。

贡献值解决的是"多少"的问题，这里包括每一个贡献点对应多少贡献值的问题，也就是某个贡献到底值多少"钱"；还包括最后的合伙人到底拿多少股权的问题，也是取决于贡献值的多少。

总结下来，从贡献点到贡献值，再从贡献值转化成股权的一整套计算标准和操作流程为：

首先，需要确定贡献点，并制定一套将贡献点转化为贡献值的标准体系，确定转化的计算标准；其次，需要持续记录贡献点的实现情况，及时公布和确认计提；最后，在达到里程碑的时候，将实现的贡献值转化成为最终的股权。

在整个过程中，最有争议和实操难度的就是如何"量化"合伙人的贡献点，计为多少"价值"才比较公平、科学，这点尤为重要。

第一节
数字化你的贡献

传统的股权分配做法,一般都是按照各合伙人所投入的金钱比例来划分的,原因很简单:

金钱是最客观的标准,因为它很好衡量,即投入多少,计为多少,直观无争议,而且《中华人民共和国公司法》第二十七条也规定了"股东可以用货币出资,也可以用实物、知识产权、土地使用权等可以用货币估价并可以依法转让的非货币财产作价出资";另外,企业运转需要钱,再好的创意和计划,都需要钱来落实,所以钱是企业发展最迫切需要的资源。

法条小贴士

《中华人民共和国公司法》

第二十七条 股东可以用货币出资,也可以用实物、知识产权、土地使用权等可以用货币估价并可以依法转让的非货币财产作价出资;但是,法律、行政法规规定不得作为出资的财产除外。

对作为出资的非货币财产应当评估作价,核实财产,不得高估或者低估作价。法律、行政法规对评估作价有规定的,从其规定。

第四章
股权战略二：让你的贡献和股权清晰可见——量化贡献并实现计提

但是绝大多数公司往往是由几个怀揣创意的合伙人组建，为实现梦想而创立的。他们有大量的时间、绝妙的创意、为了实现梦想而愿意少拿薪水的奉献精神，甚至有将自家的房子拿出来作为办公场所的决心……除了金钱，公司发展所需的比金钱更重要的资源，他们也能毫不吝惜地贡献出来。

为了解决创业者的现实窘境，帮助初创公司能以最小的代价争取到更多的、能够促进其发展的资源，同时为了充分调动创始合伙人的积极性，让他们毫不吝啬地投入对企业的贡献当中，我们有了按照公司发展所需的资源去设置贡献点，按照贡献值换取公司股权的理论。

在实际操作当中我们会发现，只要将公司所需的资源罗列出来，然后与各个岗位进行匹配，就能大致得出每个合伙人的贡献点。但是如何将这些贡献点转化成实实在在的股权，则需要一套严格和科学的贡献值计算标准，这套标准一定是客观公正且可以量化的，否则，整套动态股权分配机制就成为无法落地的空中楼阁了。

以金钱为标准来分配股权的传统做法，虽然有诸多弊端，但是可以很直观地看出每个人的投入和所得，所以在建立贡献值的计量标准时，将贡献值与金钱挂钩，使得贡献值可以用现金衡量，也是一个相对客观、有吸引力的计量原则。

一、设计贡献点

（一）如何计算你的贡献点

一般而言，初创企业最可能需要的资源有以下几种：资金、物资设备、未全额领取的工资、创意、人脉关系、知识产权、岗位特殊贡献、其他资源等，每一项都是有价值的。

上述贡献点可以分为两类：

一类是比较容易转化为金钱价值的，比如合伙人投入的现金、提供给公司使用的办公场所或者其他物资设备、全职合伙人未全额领取的工资、兼职合伙人的报酬等。

另外一类是不能直接看出其金钱价值，但是能给公司带来发展机遇、市场潜力的资源，比如创意、人脉关系、知识产权、结合岗位特征设置的贡献点等。

对于前者而言，这些资源的价值有现有的市场标准，可以很轻松地清楚其"定价"。

1. 资金

合伙人向公司投入现金，投入多少就是多少，不需要再进行估值和计算。当一个合伙人向公司投入10万元现金时，在贡献点中的"资金"部分直接记入10万点的贡献值即可。

2. 物资设备

合伙人为公司提供物资设备，一般有两种操作模式：一种是将上述物品直接"卖"给公司；另一种是将这些物资设备

第四章
股权战略二：让你的贡献和股权清晰可见——量化贡献并实现计提

"租"给公司使用。

比如，公司需要买一台打印机，而一位合伙人正好有一台闲置的打印机，他愿意将这台打印机"卖给"公司，此时，合伙人可以通过参考市场价格或者协商一致确定这台打印机的价格。若最终确定的价格为5000元，则需要在贡献点中的"资产投入"部分直接记入5000点的贡献值，同时将打印机作为固定资产入公司账即可。

同时，公司需要租用一处办公场所，而另一位合伙人正好有一处年租金为2万元的房产租约即将到期，可以给公司使用。如果他不收取租金，那么这2万点都应该记入贡献值，如果他只收取了5000元作为租金，那差额部分的1.5万点也应当记入贡献值。

很多人可能会有以下两个疑问：

第一，既然是一起创业，何必还要斤斤计较，这些资源送给公司使用就好，为什么还要算那么清楚？第二，既然公司要通过计算价格的方式来买，为什么要买合伙人的，直接向市场采购不就好了？

大多人在合作初期都抱有以上想法，但是大量的合作失败案例告诉我们，正是前期投入时要求"不分你我"，才导致后期分利润时"你我难分"。

动态股权的核心原则就是公平公正，客观地衡量每一个贡献，以此作为分配股权的依据。要求每个人都无私贡献，倒不如要求制度完善，先说断，后不乱。

初创公司的现金流往往都是很紧张的，通过记录贡献值的方式向内部人采购、租用，一方面可以延迟支出现金的时间，减少现金支出的压力；另一方面，在实践中，因为合伙人处于深度参与公司创业的情况，所以他们所提供的这些资源也会更加贴合公司的发展情况。

还需要提醒的是，虽然我们一再强调公平公正，为合伙人提供的资源支付对价，但是为了办公便利，个人提供的纸笔或者供个人使用的电脑、手机等这类价值较小且不影响公司生存发展的基本设备，建议不用计入贡献值。记录贡献点、贡献值很重要，但如果无法分清是公用还是私用，则建议最好自己承担成本。合伙要求公平，但是也没必要锱铢必较。

3. 全职合伙人未全额领取的工资

对于大多数初创企业而言，前期资金是非常紧张的，团队的主要创始合伙人会选择"降薪创业"甚至是"零薪创业"。创始合伙人放弃了市场公允的报酬，投入创业当中，是做出了巨大的牺牲的，而当这种牺牲发生时，一般没有人注意到，也没有人会考虑设置相应的补救机制。

如果你找到一个在现有市场年薪为30万元的数据工程师加入创业团队，但最初的几年你能够支付给他的年薪只有10万元，你承诺等到日后会给他一部分股权作为回报。等到分配股权的时候，就可能出现你愿意给他的股权远低于他所预期的情况——你认为当初一起创业本就是为了实现梦想，且创业本就

第四章
股权战略二：让你的贡献和股权清晰可见——量化贡献并实现计提

是一场冒险，无法保证成功，而如今能够给他的股权已经是合理的了。但是对于数据工程师而言，为了你的这场"冒险"，他承受了每年 20 万元的损失，且要面对可能失败的风险。

因此，在衡量这位数据工程师的贡献和付出的时候，当初他放弃的那份稳定收益应当被计算在内。如果没有考虑到这一点，当初的隐形"牺牲"就会成为股东矛盾的一条显性导火索。

客观地讲，这种以情怀和梦想绑架合伙人，让他们去承受损失和风险的做法虽然是不可取的，但是这个时候他们提出自己当初的牺牲需要此时现实回报，难免会让人觉得"见利忘义"。总之，不论双方怎么说，都会觉得自己有理，自己受了委屈。究其原因，就是因为在开始的时候没有"立好规矩"。

那么在动态股权分配机制中，解决方案是什么呢？

对于上述这位数据工程师，应当针对他"未足额领取的薪酬"部分设置贡献点，贡献值应当等于他应得的工资减去实际领取的工资。他作为数据工程师的市场工资标准就是他应得的工资，即 30 万元，则他的此项贡献值应当是 30 万元 – 10 万元 = 20 万元（点）。

当然还有另外一种情况，同样以这位数据工程师为例，他加入你的创业团队之前年薪是 30 万元，你们准备一起在餐饮行业创业，他作为餐厅的厨师，你依旧给他 10 万元的年薪。这个时候，衡量他应得工资的标准就不再是作为数据工程师的 30 万元，假设市场上此类厨师的公允薪酬是 20 万元，而他的实得工资为 10 万元，则贡献值应当是 20 万元 – 10 万元 = 10 万元（点）。他之前作为数据工程师的薪酬,就没有参考意义了。

在计算合伙人未领工资的贡献值时有两点需要特别注意:

首先,需要正视合伙人的牺牲和付出,不要认为这种牺牲是理所应当,不该算成贡献的;其次,应当以其现有岗位为基础,考虑他在市场上的应得工资来设置贡献点,而并不是单纯地仅以他本人之前的工资基础作为依据来计算,一个好的程序员不一定就是一个好厨师。

另外,此处特指的是"全职合伙人",还有另外一种合伙人类型是"兼职合伙人"。他们往往是具有专业知识的人,能够为公司提供相关领域的服务和帮助,但是他们无须辞去现有的工作,全职投入创业团队中,公司可以股权分配来体现他们所提供的专业服务的价值。

公司在创业阶段,可能需要一些非核心但必要的服务和支持:如法律支持、网站的推广、运营支持或者是遇到某一项技术难题,需要请相关的专家顾问来进行指导和帮助。

虽然这些支持是必要的,但是对于初创企业来讲,也不用专门请此类人员进入创业团队,一方面这类专业人才的全职投入成本一般情况下都会很高;另一方面,公司也没有必要为了这些"使用频率"不算太高的需求设置专门的岗位。

因此,当公司需要此类服务的时候一般可以直接向市场采购。如在合作中双方都认可彼此的价值,则可以尝试与服务提供方沟通,向其介绍团队的动态股权分配机制,了解对方是否愿意接受由公司的股权来支付他们的服务费用这种形式,成为

第四章
股权战略二：让你的贡献和股权清晰可见——量化贡献并实现计提

更深层次合作的伙伴。

若对方愿意，那么可将他们提供的服务设置为贡献点，按照市场的公允价值来记录相应的贡献值。

4. 创意

创业往往都是源于一个创意，一个伟大的创意可以成就一个企业，甚至是开创一个时代。

公司应当鼓励合伙人和员工多提好点子和创意，一次简单的头脑风暴所提出的营销创意，可能为企业开创一个新的市场；一个运营创意，可能会给企业节省数百万元的成本……

是的，没错，这一切都只是可能，并不是所有的创意都能落实，也并不是所有落实的创意就能为公司带来可见的贡献。

我们鼓励企业将创意设为贡献点，但并不意味着所有的创意都能转化成为实际的股权。所以在计算创意贡献值的时候，需要特别关注创意是否能够落地，落地之后是否能够为企业带来现实可靠的利益。在动态股权分配机制中，所有的创意在创造出实际利益前，都是一文不值的。

若我们设置一个贡献点为"运营创意"，在对其进行描述的时候可以是"通过本创意为公司有效节省成本"，在制定贡献值计算标准时，应当明确为"比预算成本节省10%~20%（含）时，贡献值为3000点；比预算成本节省20%~30%（含）时，贡献值为4000点；比预算成本节省30%以上时，贡献值为5000点"。

此处的贡献值点数仅为举例,实践当中需要公司依照实际情况来赋值,具体赋值是可以变化的,但可以确定的是,此处的贡献值应当遵循贡献值设定的原则,即可以用现金衡量。

5. 人脉关系

人脉关系的重要性在商业中再怎么强调都不为过,所以很多企业很注重"人脉关系"这个因素,往往会将拥有丰富人脉关系的人拉入创业团队,或者给予那些声称掌握人脉关系的合伙人一部分股权。

我们认可人脉关系的重要性,但在实践当中会发现,这个极为重要的资源却是特别虚的东西,而且极难量化。

比如,有一个合伙人在加入创业团队的时候,强调自己掌握许多融资方面的人脉关系,事实上他也确实有,也将这些人脉介绍给了公司,但是由于种种原因,这些人脉关系并未给公司的融资带来实际的帮助。在这种时候,他为公司带来的利益就并不足以与他取得的股权相匹配了。

所以,我们认为人脉关系并不是实际的贡献点,通过人脉关系为公司带来的切实可见的利益才是实际的贡献点,在计算贡献值的时候,应当以最终的现实利益为基础计算得出。

6. 知识产权

专利技术、商标权、著作权都属于知识产权的范畴,我们这里讲的知识产权特指合伙人在加入创业企业之前就已经拥有的知识产权。合伙人加入企业之后新产生的知识产权,则可以

第四章
股权战略二:让你的贡献和股权清晰可见——量化贡献并实现计提

通过相应的法律文件来确定相应的归属。

知识产权是有价值的,但是准确地估算其价值却不是一件容易的事情。

对于合伙人而言,将其个人在加入创业团队之前的知识产权"贡献"给"公司"使用,可以参考合伙人为公司提供物资设备的方式计算贡献值,同样分两种情况考虑,即不转移所有权和将所有权转移给公司。

举个更易于大家理解的例子,若一位合伙人将自己编写的软件代码以及著作权"投入"公司,公司通过销售该软件取得了收益。这种情况下,可以约定按照销售额(或利润额)的一定比例来计算出确切的对价,即为需要向拥有著作权权属的合伙人支付的使用费,若他选择不领取这些现金,则这部分现金应当作为其贡献值的计算依据。

同样是这位合伙人,他将其在加入公司之前所拥有的商标授权给公司使用。如果这个商标本身不具备什么知名度,使用这样的商标最多只能帮助公司省去注册新商标的时间和费用,那么建议公司需要认真考虑是否接受这一贡献,因为公司需要拿股权去置换的资源一定是那些最迫切需要,且能给公司带来现实收益的。如果这个商标在此前已经具有很高的知名度,接受这个贡献点则是有充分理由的,那么需要思考的问题就是如何确定其贡献值了。总之,贡献点的选取原则是一定要有用,一定是围绕着公司目标的实现来选择的。

对于直接将所有权转移给公司的知识产权,公司则需要按照向所有者支付转让费用的标准来计算贡献值。鉴于知识产权的价值评估具有一定的难度,衡量这些贡献点的贡献值也相对困难,在市场上没有客观的评估标准时,只能通过协商来确定。

计算知识产权的贡献值相对而言比较复杂,由于知识产权转让的市场价格很难确定,而且知识产权带来的收益也不容易计算,因此我们在将知识产权纳入贡献点、计算贡献值时应当遵循三个原则:原则一,确定这个知识产权是不是公司实现本次动态股权分配计划的目标及里程碑所必需的;原则二,衡量使用它所能给公司带来的现实收益;原则三,本着公平客观的原则来与合伙人协商定价。

7. 结合岗位特征设置的贡献值

采用动态股权分配机制,一方面是为了更公平地分配股权,另一方面也是想要通过这样的股权分配机制调动合伙人的积极性,将自己的资源投入公司中。

上述列举的一系列贡献点都是具有普适性的贡献点,原则上与每个合伙人都是匹配的,但由于合伙人在公司当中所处的岗位不同,在贡献方面也会存在一定的差异性。为了更全面地起到激励效果,除了上述的普适类贡献点,还需要针对每个合伙人的岗位,设置具体的贡献点并计算贡献值。

我们为某个互联网企业做动态股权方案设计时,对担任技术总监的合伙人进行了实际访谈,设置了"bug率""代码注释率"等专业的能够体现其岗位贡献的贡献点,并从专业的角度

第四章
股权战略二：让你的贡献和股权清晰可见——量化贡献并实现计提

客观地确定了贡献值。

对于同一企业的销售总监合伙人，则设计了"销售额完成率""销售团队培养成长"等贡献点。这些贡献点的设置均是根据企业的实际情况进行确定的，并没有放之四海而皆准的标准存在。

在动态股权分配机制中，不只"股权"是动的，所有的贡献点、贡献值都一定是结合实际设置并调整的，只有这样才能避免僵化，公平客观地做出评价。

（二）确保贡献值的合理性

上文我们讲了如何确定每个贡献点的贡献值，但贡献点之间并不是割裂的，所有的贡献点和贡献值结合在一起，才构成了一整套的动态股权分配机制。所以，我们在设计时，既要关注每个贡献点、贡献值设置的合理性，还需要考虑所有贡献点和贡献值内在的逻辑关系，保证整个动态股权分配机制的顺利运行。

1. 根据贡献点的重要性对贡献值进行排序

贡献点是经过评估，确定对公司的发展有一定促进作用的资源，都是非常重要的。但是根据公司发展的不同阶段，所需资源的侧重点是有区别的，所以，这些贡献点的重要程度也是不一致的。

为了更公平地衡量，也为了激励合伙人为企业贡献最需要的资源，我们在设置贡献值的时候应当有所区别，给那些更为重要的贡献点赋予相对高的贡献值，对于次之的贡献点赋予较低的贡献值。

比如企业刚成立时，相对于创意的投入、知识产权的投入，更需要现金来支持企业的正常运转，那么我们可以赋予合伙人投入的现金以及合伙人未全额领取的工资这两个贡献点更高的贡献值。

如前面章节所讲，贡献值必须是与金钱挂钩、能用现金衡量的。如合伙人投入了10万元的现金，一般情况下，我们会记10万点的贡献值，但是为了突出其重要性，我们可以赋予其二倍的权重，即合伙人投入现金之后，他实际的贡献值为"10万（实际投入的现金金额）×2（权重）=20万点（贡献值）"。

或者，由于现金短缺，你只能支付现有合伙人极低的报酬，为了留住这些重要的合伙人，你同样可以给其未领取的工资赋予权重。比如你的合伙人应得工资为30万元，而现阶段你只能支付他5万元，为了凸显他降薪创业的价值，你可以赋予他此部分三倍的权重，所以他的贡献值就为"25万（应得工资与现实工资的差额）×3（权重）=75万点（贡献值）"。

但需要切记的是，这些权重和比值一定不是拍脑门决定的，一定要衡量各个贡献点之间的关系及各自对公司的贡献程度来确定，并且所有的贡献点及对应的贡献值，都应当在计划启动之初就取得所有参与本次计划的合伙人的同意。

第四章
股权战略二：让你的贡献和股权清晰可见——量化贡献并实现计提

2. 贡献值最好是绝对值，而非相对值

我们一再强调，在设置贡献值的时候，需要遵循的原则是"贡献值与金钱挂钩，可以用现金衡量"。所以对于现金类等可以直观得出的数值，其贡献值一般情况下应当为现金的金额；对于那些比较难以衡量，或以达到某一目标为贡献点的贡献值，可以在衡量其重要程度之后，确定一个固定的点数，直接以2000点、5000点的绝对值形式体现。

有一家公司的创始合伙人在找到我们之前，自己看了几本动态股权的书就开始实施动态股权分配机制。创始合伙人考虑，公司前期缺乏资金，产品研发的预算成本为3万元（根据实际情况来看，该成本已经为最低成本，再进行压缩的空间有限），为了激励负责产品研发的合伙人为企业节省成本，将节省成本设置为贡献点，确定贡献值的计算方式为"比预算节省部分的20%"。但是，在实际的里程碑中，由于公司引进了一项新的技术，使得该产品的研发成本大幅下降，实际成本只有1万元，根据之前确定的贡献值计算标准，该名合伙人的贡献值应当是（3万－1万）×20% =4000点。而根据最初的设计，最重要的贡献点为公司带来的收益远超节省成本的2万元，但其贡献值经计算仅为3500点，而节省成本这个相对不重要的贡献点由于客观环境的改变，一跃成为最高的贡献值，这样的结果既不能客观地反映该名合伙人的真实贡献，对于其他合伙人来讲也是不公平的，会造成这个机制的失衡。

因此，在设计贡献值的时候，我们建议尽量使用绝对值，而非相对值，且要根据实际情况及时地调整计算标准。

二、记录贡献值

动态股权的分配机制需要遵循契约精神，通过合伙人群策群力确定一系列衡量各个合伙人为公司所做的贡献点，并依据事先确定的规则和计算标准，在整个里程碑时期内，记录贡献点的变化情况，当达到里程碑时，按照所记录的贡献值转化成为应得的股权。

动态股权的精髓在于"动"，所以将随着时间和环境变化的贡献值记录下来尤为重要。

（一）谁来记录

为了保证记录的客观公正，最好由未参与此次计划的第三人来做记录人。

如果这是创业团队的第一次动态股权计划，且所有人都会参与到计划当中，则可以推选一名大家都信得过的合伙人来担任记录人。

（二）如何记录

当确定了贡献点、贡献值计算标准之后，我们应当根据确定的内容，设计一张动态股权计划贡献值记录表，其中应当注

第四章
股权战略二：让你的贡献和股权清晰可见——量化贡献并实现计提

明激励对象、贡献点、贡献点描述、贡献值计算标准、计提时点、合伙人离职时贡献值回购价格、合伙人离职时股权回购价格、发生日期、计提日期、原始凭证编号、详情描述、贡献值等要素。

当上述所载项目发生变化时，应及时记录。同时提醒一点是，注意保存证明其贡献点实现的凭证或者文件，建议把它们作为记录表的附件（当记录表是电子版时，建议将凭证文件一同扫描保存）。

（三）公布记录

一般情况下，在实施动态股权机制之前，公司需要颁布《动态股权分配计划》，为了和参与计划的合伙人确立法律关系，公司还需要与参与计划的合伙人签署《参与动态股权分配计划协议》以及其他的一系列配套文件，这些文件都会详细描述动态股权计划设计的一些重要环节和因素，一般都会包含贡献值的记录公布时间、公布方式等。

贡献值记录公布的时间一般都定在里程碑达到之前，公布方式可以是邮箱发送，也可以是其他方式，具体以分配计划和协议上约定的为准。

（四）异议处理

在贡献值记录公布之后，一般都会设定一定时长的异议期，异议期不宜过短或过长，既要保证各位合伙人都充分了解贡献值，又要保证大家反馈的效率，我们通常设置为 10~20 天。如果参与计划的合伙人对于记录结果有异议，可以在此时间段内提出，未提出异议的，视为同意和认可记录结果。

合伙人提出异议之后，应当由记录人员再次进行核算说明。

这样操作的目的是保证整个程序的合法化，避免将来出现争议。

第二节
你能拿走的股权，取决于你所做的贡献

一、见证是信任的起点，让方案的执行公开透明

哈佛大学商学院教授诺姆·沃瑟曼（Noam Wasserman）在其著作《创业者的窘境》中一开篇就提出："如果将创业比喻成一场又一场战争，那么你会发现多数伤亡是将士自残和友军误伤。"社会学家亚瑟·斯汀康比（Arthur Stinchcombe）在四十余年前就指出，创业团队的内部问题是导致创业失败率居高不下的主要原因。

创业团队成员本该是亲密无间一同战斗的"战友"，为什么

第四章
股权战略二：让你的贡献和股权清晰可见——量化贡献并实现计提

却演变成为导致整个创业失败的罪魁祸首呢？

对于大多数创业者而言，他们觉得自己的付出和回报不成正比，自己遭受了不公正的对待，正是这种不公平的感受让创业者心生嫌隙，以至于无法合作，最终导致创业失败。

那么，创业团队内部真的会出现不公正地对待创业合伙人的情况吗？其实，我们认为，是否真的存在不公正不重要，重要的是让合伙人有了"不公正"的感受。

采用"静态"的方式来分配股权时，分配依据是出资额，是一个可量化的、直观的标准。合伙人之所以感到不公平，是因为他们觉得自己虽然投入了少量的金钱，但是比大股东投入了更多的心血，做出了更多的贡献，而这些付出都没有被量化，没有被考虑在分配股权的依据中。

采用"动态"的方式来分配股权时，要尽可能考虑到每个合伙人在各种资源中的贡献，将涉及的一切贡献都纳入分配股权的依据当中。在考虑合伙人的实际付出和贡献上，"动态"的分配方式的确是优于"静态"的分配方式，但是与之相比，"动态"股权分配方式存在的一个问题就是，作为股权分配依据的某些贡献不会像金钱出资那样好识别，易衡量。很多合伙人虽然接受并参与了这种分配方式，但是如果没有全面清楚地了解贡献点的设置和贡献值的计算，极易怀疑整个方案的公平公正性，认为会存在"暗箱操作"，这种情况下为了追求公平公正，费时费力制订的动态股权分配计划不但起不到相应的激励效果，反而会成为引发内部冲突的导火索，是得不偿失的。

既然了解了动态股权分配方式可能让人产生不公正感觉的症结之所在，那么问题解决起来就容易多了。

建议所有合伙人一起制定贡献点和贡献值计算标准，并且保持整个方案记录的透明化，让每个参与者都清楚地了解到自己的贡献得到了何种的回报，别人得到的为什么比自己多。虽然不能完全根除有些合伙人可能还会产生"不公正的感觉"，但是至少会让对方知道，大家都在坚定不移地执行一起制定的规则，并没有暗中操作。

二、计提

动态股权的分配机制一方面强调全面地考虑各个合伙人能给公司带来的资源（贡献点），另外一个方面关注的是这些资源能否为公司带来实际的利益价值。

计提就是按照贡献值的计算标准，在贡献点带来实际利益价值之后，赋予其贡献值。

关于计提时点：

计提时点的概念很简单，就是计算并赋予贡献点、贡献值的时点。

对于现金投入、未全额领取的工资、投入的物资设备等此类贡献点的贡献值可以直观测算，一经发生，贡献值即非常明确，发生的时刻就是贡献点的计提时刻。

但对于其他一些以达到某一任务为目标的贡献点，其事件

第四章
股权战略二:让你的贡献和股权清晰可见——量化贡献并实现计提

从发生到达到贡献点的标准往往是一个积累的过程。如公司为某一销售主管合伙人设置的贡献点是销售业绩达到500万元,则销售业绩需要从0开始累积,在达到500万元之前虽然一直在不断地产生营业额的增长,但是都不能视为贡献点达成,也无法计算贡献值。只有营业额达到500万元这一时点,才能计算贡献值。

计提时点之所以重要,有两个原因:

其一,由于部分贡献点的设定是以达成某一任务为目标的,在漫长的积累过程中,不可能每天都来记录这些量变过程,这样做是极其浪费人力物力的事情,而且这种人力物力的耗费也是没有意义的。因此为了起到激励效果,我们在设置此类贡献点和贡献值的时候,往往不会设置一个能够轻松达到的值,而是需要经过一定的努力才能达到。动态股权的贡献点设置不同于公司的销售提成制度,不管你有多少销售额都会有提成,而动态股权是要求合伙人一起来完成公司的高目标,所以是有一定的门槛的,如果没有达到,就不能计提贡献值。

其二,我们清楚,只有到了计提时点,贡献点才能切实地落实为贡献值,为合伙人日后拿到股权打下基础。因此,约定计提时点对于合伙人离开创业团队时,衡量其所得非常重要,这一点我们将在下文的"贡献值回购"问题中详述。

三、贡献值的回购

正如我们制定动态股权分配机制的出发点一样,一切因素都在发生着变化,"合伙"亦如此。你的合伙人可能会由于种种原因退出合作,为了解决合伙人退出后其所持的贡献值问题,我们需要未雨绸缪,提前制定相应的规则。

经过前面的内容讲解,我们知道,动态股权分配机制的运转,首先是划定里程碑,然后设置贡献点,再确定贡献值的计算标准,在贡献点达成时计提为贡献值,最后在里程碑达成时,将贡献值转化为股权。

因为在公司发展的不同阶段,合伙人所面临的风险是不一样的,他们所做的贡献也有很大差别。所以合伙人在不同的时点退出,他们所获得的利益也应当是不一样的。例如,有的合伙人在公司还没达到第一个里程碑的时候就离开了,这种情况我们会认为这个合伙人不能算是一个合格的合伙人,通常不会回购他的贡献值。

经过第一个里程碑后还没达到第二个里程碑,合伙人有一部分贡献值还没转化为股权,关于这一部分贡献值是否回购,这个时候我们就要分情况来讨论了。因为他们已经和公司完整走过一个里程碑,初步可以断定他们有一定的合伙精神,在这个情况下,通常是要回购的,这是对他们前期付出的肯定,但如果他们是因为损害公司利益或者触犯法律等原因离开的,建

第四章
股权战略二：让你的贡献和股权清晰可见——量化贡献并实现计提

议就不再给予对价回购了，通常强制收回即可。

我们在这里讨论合伙人拥有贡献值时离开的情况。

（一）是否必须回购贡献值

贡献值是还未到达转股时间的"股权"，随着里程碑的达到，贡献值就会转化成为实实在在的股权。理论上来说，在没有明确限制的情况下，贡献值应当可以转让。

但有限责任公司，尤其是初创期的有限责任公司是"人和性"极强的组织，创业伙伴一般情况下都是经过精心挑选的，并不是可以被任意替代的，所以如果离开的合伙人将贡献值转让给了一个陌生人，其他创业合伙人是不愿意接受的。当然，离开的合伙人也可以选择不转让，而是持有贡献值，在转股条件达成时，将贡献值转化成为股权，自己作为股东，这样的操作是没问题的。但是对于初创公司而言，更需要的是为公司奉献的合伙人，而非持有公司股权，在公司发展壮大之后坐收渔利的"缺位合伙人"。

所以，虽然没有规定要求强制回购退出合伙人的贡献值，但是鉴于上述两个原因，一般公司还是倾向于制定相应条款，来回购离开合伙人手中的贡献值。由于初创公司一般都会面临资金短缺的情形，可以与离开的合伙人约定，允许公司采用分期偿付的支付方式。

但需要提醒的是，是否回购是公司的权利而非义务，公司有权选择回购，也可以选择不回购，而离开的合伙人没有权利要求公司必须回购。由于创业公司需要面临太多风险，虽然贡献值可以认为是还未到时间的"股权"，但是并不能等同于股权。因为贡献值转化为股权的条件是里程碑达成，我们一般是按照时间来确定里程碑的，但也不排除以达到一定成就作为里程碑，如果成就无法达成，里程碑就不算达到，贡献值也就丧失了转化成为股权的条件。还有一种情况是公司可能创业失败，这也就意味着有可能所有坚持与公司一同拼搏的合伙人均遭受了损失，而提前退出的合伙人却赚到了钱。

（二）谁来回购

一般而言，贡献值是贡献点的体现，贡献点之所以称为贡献，是因为其为公司的发展做了贡献，公司享受到了切实的利益。并且通过之前内容的讲述，尤其是贡献点的设置，我们会发现，很多贡献值是公司应当支付但延迟支付的支出，所以，公司应当是回购的主体。

同时，我们可以预见，贡献值在很大概率上可以转换成为公司的股权，所以有可能其余合伙人对于购买"贡献值"也会感兴趣，购买到贡献值代表着转股之后自己的持股比例增加。但如果是这样的话，持股比例就与以出资确定股权份额的静态分配没有太大区别，这样就与动态股权以贡献来分配股权的初衷是相悖的。

也有一种情况，那就是公司必须回购该离职合伙人的贡献值，但是公司缺少现金，正好有合伙人可以拿出钱来购买，他的这一行为对公司也是有贡献的。不过建议将这一行为设置成为一个贡献点，来为其赋予评测后的贡献值，而非直接将离职合伙人的贡献值归到他名下。

（三）怎样回购

合伙人的离开有很多种情况：有可能是由于一些不能归咎于他的客观原因而离开，如生病死亡等；有可能是因为单纯的理念不同等原因而离开；也有可能是因为该合伙人的行为和能力不能达到公司的要求被辞退而离开。

针对不同的情形，应当制定不同的回购价格和政策，这一点将在后续的"回购机制"当中详述。

05

第五章

股权战略三:合伙人都满意的蛋糕切法——将贡献值转化为股权

动态股权

第五章

股权战略三：合伙人都满意的蛋糕切法——将贡献值转化为股权

分配股权是一门"切蛋糕"的艺术。

对于一个公司来讲，股权就像一个蛋糕，分配股权就是将蛋糕切分给每一个合伙人（股东）。切蛋糕是一个技术活儿，什么时候切，每个人切多少，既关系着合伙人是否能够感受到公平，和谐相处，也关系着这块蛋糕是否能够顺利做大。

传统的"静态"股权分配机制，往往是在公司刚刚成立，蛋糕还未"烤好"之前，仅仅按照单一的出资比例来切蛋糕，这样既不利于调动现有合伙人把其他能够做大蛋糕的"生产要素"投入"做蛋糕"的过程中，还会让后期加入的合伙人面临无蛋糕可分的境地。

我们通过前面的章节构架了"切蛋糕"的动态机制，这一章，我们一起来看看如何"切"这块蛋糕！

第一节
拿走你该得的那部分，没人敢质疑

动态股权分配机制是将分配股权的时间相对后置，每一块蛋糕都分得恰到好处，以应对创业公司的种种不确定性，尤其是为了避免业务和团队没有定型的情况下过早分配股权所引发的一系列纠纷。

可见，在股权分配到手之前，所有人都不清楚自己能分到的股权到底是多少，而人们往往容易对未知的东西产生质疑从而引发纠纷。

在一场足球比赛开始前，没有人能百分百准确地预测每一粒进球的具体发生场景和比赛的最终比分，但是当比赛结束后，极少会有人因为比赛结果与赛前预测不一致而质疑球赛，原因就在于我们有一整套的裁判规则来规定怎样的进球会得分，所有裁判及观众都带着"规则"思维观看了整场比赛，大家一同见证了每一粒有效进球，共同确认按照比赛规则进球数多的那一方获胜。

同理，动态股权分配机制下，在里程碑达成、股权分配之前，股权一直处于动态变化中，没人能百分百确定最终的股权比例，但是动态股权的分配机制同样有一整套完整严密的制度

第五章
股权战略三:合伙人都满意的蛋糕切法——将贡献值转化为股权

体系,对于影响股权分配的因素以及股权分配的计算依据都有明确的规定,而且整套机制都是在公开透明的记录下进行的,你所取得的股权只取决于你的贡献。

在这样的机制下,你拿走你该得的那部分,没人敢质疑!

一、如何计算你的股权比例

动态股权分配机制一般是将股权的分配,按照企业的发展分为几个阶段,每个阶段都以达成预先设定的目的为终点,在这个目的达到时,算作完成了该阶段的里程碑。在里程碑达到之后,评估团队成员的贡献值,以其所得的贡献值来决定他们在本阶段应当分得的股权比例,计算公式为:

分得股权比例 = 预分配股权比例 × 合伙人的贡献值/贡献值总额

在设置里程碑的时候,可以灵活制定标准,可以以时间为条件,也可以以达到某一任务目标为条件(任务目标可以是一定金额的营业额或者利润,也可以是一个对公司发展相当重要的科研目标,但一定是明确的、能够衡量的),或者将时间和目标结合起来,即在一定时间内达成某一目标。

各个企业可以按照本企业的实际情况来选择设置里程碑的条件,这一点是没有统一标准的,但一般而言,创业团队在不同的发展阶段所面临的风险是不同的。创业开始阶段,合伙人面临的不确定性和风险都相对较高,并且公司初期的股权价值相对较低,所以为了激发合伙人投身到这场创业冒险当中去,可以考虑在制定初期阶段的里程碑时，目标设定得低一些，且在里程碑达成时，分配的股权比例较后期里程碑略高，也就是风险越大回报越大。

为了让大家更为形象地了解整个操作过程，我们在此以最简单的动态股权实施流程举例说明：

假设甲公司有3个合伙人（分别为A、B、C），在公司成立之初决定实施动态股权，制订了公司的战略发展计划，计划在三年内实现1000万元的盈利，三年内总共分配公司50%的股权（标的股权），每年的12月31日为里程碑的结算时点。

同时，经合伙人讨论一致决定将"三年计划"拆分成三个里程碑：第一个里程碑需要达成200万元的盈利，该阶段分配标的股权的50%（所分配公司的股权比例＝50%×50%＝25%）；第二个里程碑需要达成300万元的盈利，该阶段分配标的股权的30%（所分配公司的股权比例＝50%×30%＝15%）；第三个里程碑需要达成500万元盈利，该阶段分配标的股权的20%（所分配公司的股权比例＝50%×20%＝10%）。

第一年12月31日到来之时，我们需要核查公司是否实现了200万元的盈利，若实现则第一个里程碑达成，我们根据记录来分配股权。假设A总的贡献值为5万点，B总的贡献值为3万点，C总的贡献值为2万点。

那么，此时，各位合伙人所分得的股权比例如下：

A总股权比例＝25%×5万点/（5万点＋3万点＋2万点）＝12.5%

B总股权比例＝25%×3万点/（5万点＋3万点＋2万点）＝7.5%

C总股权比例＝25%×2万点/（5万点＋3万点＋2万点）＝5%

第五章
股权战略三：合伙人都满意的蛋糕切法——将贡献值转化为股权

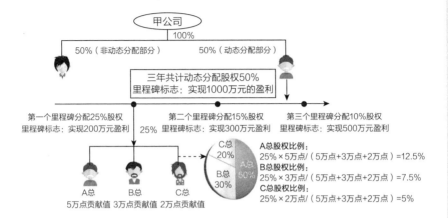

若第一年12月31日到来之时，经核查，公司并未实现200万元的盈利，则按照之前的约定，这一期不会进行股权分配，当然也可以约定按照完成比例分配股权。例如可以约定完成目标的80%即可以分配，但是分配比例应当按照该阶段预分配股权的80%分配股权。

第一次股权分配结束，则进入第二个里程碑阶段，所有的贡献点、贡献值清零，按照新一阶段发展所需的资源（包括需要新增的被激励合伙人）特征来设置新的的贡献点、贡献值计算标准，并坚持记录，在第二个里程碑到来之时，按照上述公式分别计算各个合伙人的股权比例。再下一个里程碑以此类推，不再赘述。

二、拿得少，并不意味着"吃亏"

我们看得出，合伙人分得的股权是一个此消彼长的关系，A

拿到的股权多了，B、C拿到的股权必然会减少，他们之间必然存在着竞争关系。在上述例子中，维持其余的数据不变，A的贡献值变为10万点，那么三人所分得的股权比例：

A总股权比例=25%×10万点/（10万点+3万点+2万点）=16.7%

B总股权比例=25%×3万点/（10万点+3万点+2万点）=5%

C总股权比例=25%×2万点/（10万点+3万点+2万点）=3.3%

三个人的比例从12.5%、7.5%、5%变为16.7%、5%、3.3%，三个人固定来分25%的股权，A分得多了，B与C拿到的股权比例一定就会变小。

表面上看起来A、B、C之间的利益是一种此消彼长互相对立的关系，但这是一种良性的竞争。

虽然看比例，B和C的数值是下降的，但是我们可以看出来，由于A的贡献值增加之后，所有人的贡献值总和从原来的10万点变为了现在的15万点，等于整个蛋糕被做大了，虽然你的比例小了，但是对应的绝对值却变大了。

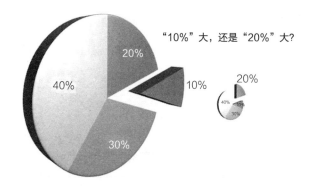

第五章
股权战略三：合伙人都满意的蛋糕切法——将贡献值转化为股权

在动态股权分配机制下，你所分得的股权取决于你的贡献，你的贡献越多你所分得的蛋糕份额就越大，所有人都努力贡献，整个蛋糕就会越大！

还是那句话，你所拿到的股权取决于你的贡献，你并没有吃亏。

让合伙人意识到他们之间存在良性竞争关系，激励他们争相为公司做出贡献，最终做大蛋糕，才是动态股权机制实施的终极要义。

在一个估值只有5万元的公司中，即便是百分之百持股，又能如何呢？举一个浅显的例子：你是愿意拿一个刚注册成立没有任何资产且未实缴注册资本的公司99.9%的股权，还是愿意拿阿里巴巴0.01%的股权呢？

第二节
让法律确认你确实得到了这些股权

通过之前章节的介绍，我们可以看出，动态股权分配机制是基于合伙人之间的约定，辅之以一套内部制度实现的，合伙人都应当具有契约精神，坚守自己的承诺，遵守规则维持公司的运作。但公司不单单是"股东们的公司"，同时也是一个"法人"（虽然公司不具有"人"的形态，但是法律赋予公司"人"的权利，规定公司可以像我们每个人一样独立存在，独立自主地从事商业活动），作为独立的市场经济主体，参与市场经济活动。为了保护其他市场主体的利益，法律规定公司的一些重要事项，如公司注册资本、股权结构、公司章程等重要信息需要在工商部门进行备案登记，对外公示。

通过法律来确定每个合伙人的股权比例，不仅是维护市场秩序，同时法律的公信力对于每个合伙人来说，也是一种有效的保障——让法律确认你确实得到了这些股权。

一、《中华人民共和国公司法》关于成立公司的相关规定

《中华人民共和国公司法》第二十三条规定"设立有限责任公司，应当具备下列条件：（一）股东符合法定人数；（二）有符合公司章程规定的全体股东认缴的出资额；（三）股东共同制定公司章程；（四）有公司名称，建立符合有限责任公司要求的组织机构；（五）有公司住所。"

《中华人民共和国公司法》第二十七条规定"股东可以用货币出资，也可以用实物、知识产权、土地使用权等可以用货币估价并可以依法转让的非货币财产作价出资；但是，法律、行政法规规定不得作为出资的财产除外。"

《中华人民共和国公司法》第三十二条规定"有限责任公司应当置备股东名册，记载下列事项：（一）股东的姓名或者名称

第五章
股权战略三：合伙人都满意的蛋糕切法——将贡献值转化为股权

及住所；（二）股东的出资额；（三）出资证明书编号。记载于股东名册的股东，可以依股东名册主张行使股东权利。公司应当将股东的姓名或者名称向公司登记机关登记；登记事项发生变更的，应当办理变更登记。未经登记或者变更登记的，不得对抗第三人。"

通过分析上述规定，我们可以总结出以下三点信息：

第一，以非货币形式出资，用来出资的非货币资产只要满足"可以用货币估价""可以依法转让"两个条件，法律就是认可的。但这一条件也是有限制的，并不能涵盖现在市场上可能存在的合伙人的所有投入，例如人脉、创意这些贡献，很难在投入时就可以用货币估价。

第二，股东身份的确认应当满足两个条件：一是你的股东身份记载于公司内部的股东名册；二是你的股东身份必须在公司登记机关进行登记。

第三，公司在注册成立时必须要确定注册资本、股东人数及各股东认缴的出资额。

按照法律的规定，我们的传统操作是：第一步，确定公司的股东；第二步，确定公司的注册资本；第三步，确定各股东的认缴出资额也从而确定各股东的股权比例。

然而，正如我们之前一直反复强调的，公司注册成立时存在太多不确定性：你不知道公司是否能活下去，也不知道公司能活多久；你更不知道你的合伙人是否称职，不知道他们在未来会对公司做出贡献还是会造成公司溃散。在这个时候，仅仅就合伙人承诺出资（是的，你没有看错，在认缴制的规定下，不需要你实际拿出资金，只要"承诺"在未来某一个期限内拿出曾承诺的资金即可）来确定股权比例，实在不能算是明智之举。

那么，我们来看看，在动态股权分配机制下，我们如何运用法律来保障合伙人拿到应得的股权。

二、确认持股方式

一般情况下，股东持有公司的股权有两种方式：一种是直接持有；一种是间接持有。直接持有就是按照你所持有的股权比例，通过工商登记，成为公司的股东；间接持有就是你虽然持有公司的股权，但是在工商登记上并不显示你直接持有该家公司的股权。接下来我们分别讲这两种持股方式及两种持股方式下的动态股权调整。

（一）直接持股

根据上文分析，我们知道注册公司需要确定股东人数及股东的出资份额，我们可以先按照法律的要求，确定上述必备因素，然后引入动态的调整原则即可。

通过例子来看：假设甲公司有三个合伙人，分别为A、B、C，根据实际情况，确定公司的注册资本为100万元，暂定A的认缴资本为30万元，B的认缴资本为40万元，C的认缴资本为30万元，则三人的股权比例分别为30%、40%与30%，以此作为依据在工商机关注册登记，如下表：

第五章
股权战略三：合伙人都满意的蛋糕切法——将贡献值转化为股权

	认缴注册资本（万元）	认缴比例
A	30	30%
B	40	40%
C	30	30%
合计	100	100%

与此同时，A、B、C三人签署系列协议，确定实施动态股权的分配机制，按照约定，在每次里程碑达到之时，按照贡献值对各自的股权进行调整。

假设，在第一个里程碑达成时，按照贡献点和贡献值的记录，三位股东的贡献值分别为60万元、10万元、30万元，这个时候，三人的持股比例应当变为：A持有60%、B持有10%、C持有30%，因此我们需要对公司章程中的持股比例变更为以下比例，并到工商部门进行变更登记。如下表：

	认缴注册资本（万元）	认缴比例
A	60	60%
B	10	10%
C	30	30%
合计	100	100%

在上述股权变更完毕后，所有的贡献值清零，进入下一个里程碑记录，在下一个里程碑达成时，再次计算并作出相应的调整即可。

从法律上讲，取得股东身份代表着拥有了一系列股东权利，股东权利概括来讲分为两类：一类是与财产相关的，如分红权；

另外一类是与股东身份有关的，如知情权、决策权等。

我们都知道，市场环境是瞬息万变的，需要初创公司及时做出调整。股东间过高的沟通成本甚至是决策僵局必然会让公司错失良机，不仅会使公司失去在"风口"起飞的绝佳机遇，甚至会让公司被"吹入谷底"，就此谢幕。因此公司往往需要一个拥有绝对控制权的合伙人掌握话语权，来担任公司的"舵手"，主导企业的发展。

我们回到上面的例子：在甲公司注册成立时，三位股东所持的股权比例分别是30%、40%、30%，这样的股权比例存在一个现实问题，即公司没有绝对控制权股东。当遇到一些重大的决策事宜且三个股东之间无法协商一致的情况时，就容易使公司陷入僵局，无法做出决策。在达到第一个里程碑股权比例重新调整后，A总成为了绝对控股权股东，可以拥有话语权，但是若第二个里程碑达成，股权比例变动之后还是三分天下的局面，那又该怎么办呢？而且即便不是三分天下的情况，如果让一个不善于做决策的人成为控制人，对于公司来讲也是灾难。

（二）间接持股

我们引入动态股权分配机制的初衷是帮助公司更好地发展。因此，在考虑股权分配更公平地让每个合伙人的价值得以体现的同时，也应当有全局意识，从公司整体发展方向考虑问题。基于实践经验，我们从初期确定股权比例就应当带入动态思维，

第五章
股权战略三：合伙人都满意的蛋糕切法——将贡献值转化为股权

且应当关注"控制权"的问题。间接持股可以满足我们的要求，但间接持股也有不同的操作方式，它们各有利弊，我们来逐一分析。

1. 公司层面的间接持股

我们继续看甲公司的例子：甲公司有三个合伙人，分别为A、B、C，公司的注册资本为100万元。

在公司成立之时，假设A投入了现金及提供了办公场所，贡献值折合25万点；B零薪创业，贡献值为10万点；C通过人脉资源为公司拉来一笔业务，贡献值为15万点，三人的贡献值共计50万点，占公司总注册资本的50%。那么，我们就先将依据三人贡献值得到的50%股权按比例分配给每个人，然后将剩余的50%股权放到日后来分配。

通常，创业公司都会有一个灵魂人物充当"舵手"带领大家奋斗，我们可以将这50%的股权交给他，由他代持，在每一个里程碑达成之时再分配出去，我们来看看如何操作。

首次工商登记时，股权分配应当如下表：

	认缴注册资本（万元）	认缴比例
A	75	75%
B	10	10%
C	15	15%
合计	100	100%

假设甲公司按照发展所需，确定以三年划分三个里程碑，

分配剩余的50%的股权，第一个里程碑拟分配剩余的50%股权的一半（即公司25%股权）；第二个里程碑拟分配剩余股权的30%（即公司15%股权）；第三个里程碑拟分配剩余股权的20%（即公司10%股权）。

第一个里程碑达成时，假设A总的贡献值为5万点，B总的贡献值为3万点，C总的贡献值为2万点。

那么，此时，各位合伙人所分得的股权比例如下：

A总股权比例＝25%×5万点/（5万点+3万点+2万点）＝12.5%

B总股权比例＝25%×3万点/（5万点+3万点+2万点）＝7.5%

C总股权比例＝25%×2万点/（5万点+3万点+2万点）＝5%

则第一个里程碑达成时，按照直接持股的方式，股权比例变更如下：

	认缴注册资本（万元）	认缴比例
A	62.5	62.5%
B	17.5	17.5%
C	20	20%
合计	100	100%

但是如果按照间接持股的操作方法，该股权比例可能就不做变更，而是由现有代持人与获得相应股权的合伙人签署代持协议，那这个合伙人就属于间接持有公司股权，在工商登记上则看不出他的股权变化，可以约定待达到或者完成三个里程碑后统一进行工商变更。

第五章
股权战略三：合伙人都满意的蛋糕切法——将贡献值转化为股权

2. 通过持股平台间接持股

我们可以看出通过"公司层面的间接持股"，虽然可以在一定程度上解决直接持股带来的公司股权变动频繁，以及解决长时间没有实际控制人或者频繁变动实际控制人的问题，但是采用由某个合伙人代持的方式来持有其他合伙人实际上已经通过做贡献取得的股权，其他合伙人心里多少会有一些芥蒂，而且代持本身也存在较多风险，比如名义股东侵犯实际股东权益、不配合实际股东行使相应股东权利的情形屡见不鲜。

那么，是否存在一种方案，能够保证股权比例灵活地变动，同时又能将控制权集中在部分确定的股东手中呢？答案是肯定的，方法也是多种的，在这里我们介绍最常用也最有效的方法——设立持股平台。

同样是甲公司，所有假设条件都不变，A 为创业领袖，衡量初期贡献值后分配公司 50% 的股权，A 持有 25%、B 持有 10%、C 持有 15%，剩余的 50% 用作日后动态分配。

与之前不同的是，我们设立一个有限合伙企业乙，甲公司的股东不再是 A、B、C，而是 A 与持股平台乙。B、C 成为乙的有限合伙人，通过持有乙的财产份额而间接持有甲公司的股权，甲公司未分配的 50% 股权由乙代为持有。

如下图所示：乙的股权由两部分组成：一部分为 B、C 间接持有甲公司的股权，另外一部分为持有的甲公司用于日后激励的 50% 的股权。

动态股权
中国合伙人分钱分权的新技术

A 通过直接持有合伙企业乙的 66.7% 的财产份额而间接代持甲公司预留的日后动态分配的 50% 股权，随着后续里程碑的达成，A 在持股平台乙上，将持有的财产份额转让给 B 和 C。

B 通过直接持有合伙企业乙的 13.3% 的财产份额而间接代持甲公司 10% 的股权。

C 通过直接持有合伙企业乙的 20% 的财产份额而间接代持甲公司 15% 的股权。

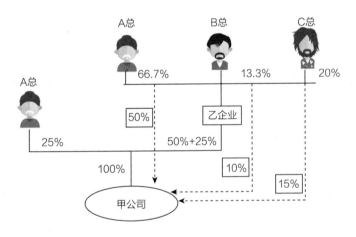

从理论上讲，持股平台可以是有限责任公司、普通合伙企业或者是有限合伙企业。实践当中，我们多采用有限合伙企业，主要是基于集中控制权及股权变动操作便利性两方面的考虑。

从控制权的角度分析，有限合伙企业的普通合伙人可以通过持有极少量的财产份额，控制整个有限合伙的运营决策；但是对有限责任公司而言，如对重大事项进行决策需提请股东会表决时，在没有特殊设计的情况下，全体股东都可参与到决策

第五章
股权战略三：合伙人都满意的蛋糕切法——将贡献值转化为股权

中来，即使实际控制人持有的股权比例较大，也可能会在决策过程中产生意见分歧，影响决策团队的稳定性，普通合伙企业同样无法达到集中控制权的效果。

从股权变动操作便利性的角度分析，在引入动态股权分配机制的条件下，随着公司的发展，股权会发生频繁的变动，也可能引入新的合伙人参加动态股权分配。若直接放在公司层面，或者设置有限责任公司作为持股平台，每一次股权变动都需要经过严格的程序召开股东会，这些程序无形之中会增加决策成本。

基于上述分析，我们建议公司在引入动态股权分配机制时，可以考虑设立有限合伙企业，将股权的动态调整放在持股平台上进行，这样既能保证居于领袖地位的创始合伙人牢牢掌握公司的发展方向，同时持股平台上的各位合伙人也能通过工商登记体现出来，通过法律认可的形式，使自身的权利得到应有的保障。

三、用书面协议代替口头约定

通过前面几章内容的讲解，我们清楚了动态股权分配机制最重要的价值在于"动态"二字，讲究灵活分配随机应变。但是这种灵活应当是相对的，我们在具体细节上可以按照客观环境的变化而动态调整，但是在原则性问题上需要提前制定规则，即动态股权的"动"是有规则的"动"，而不是无序的乱

"动",这也是我们强调的"先说断,后不乱"。

在整个动态股权分配中,有几个重要时点需要注意:首先,在动态股权实施之前,所有参与计划的成员需要积极地加入进来,一起制定和讨论动态股权的整套实施规则,就计划当中的所有关键因素作以列举,并讨论确定,然后将这一切都落实成相应的文件,如《动态股权实施计划》《参与动态股权计划协议书》等;另外,由于公司自身及公司所面对的环境都是千变万化的,梦想和现实之间必然存在差距,因此在动态股权的实施过程中,当出现一些客观因素可能影响计划如约进行时,灵活调整计划或者"游戏规则"是无可厚非的做法,但是请牢记,一定要将这一切调整计划如实地落实成补充文件,发生了不可预见的情况并不可怕,可怕的是不签文件而是口头上说变就变,这样就等于陷入没有规则的境地;还有一点,在每个里程碑达成时,请及时按照计划对股权做调整,并且签署相应的股权变动文件,同时按规定到工商部门做登记,进行合法合规合约的操作,遵守契约精神,更遵守法律的规定。总之归结为一点,无论发生何种情况,一定不要忘记用白纸黑字确定权利义务。

规则往往是客观的,但是规则的落实需要有人来执行,而人的因素永远都是主观及充满变数的,我们应当尽可能将所有问题都落实在书面协议上,并约定合理的惩罚机制。如果在实施当中遇到问题,我们就可以尽量减少人为因素的负面影响,做到有章可循,避免产生损失或者扩大损失。

第六章

股权战略四：好聚也好散的团队，设定完善的进入退出机制

动态股权

第六章

股权战略四：好聚也好散的团队，设定完善的进入退出机制

我们必须清楚地认识到：不存在绝对稳定的团队。即使这个团队本身再好，也不可能让团队中的每个人都感觉尽善尽美，随着时间的推移，一个团队的"换血"是不可避免的。

随着公司的不断发展，要想做大做强，那么势必需要不断引入新的人才。道理很简单，通常初创企业员工人数都很少，甚至有很多初创企业都没招员工，初创合伙人身兼数职，又要做产品，又要做市场，还要做行政、财务，初期发展还行，算是"人尽其用"；但是等到公司慢慢发展壮大，很多人就会分身乏术，且很多专业岗位由非专业人士兼职就行不通了。

比如，我们常遇到一些客户，公司发展得特别好，赚了很多钱，但经过接触发现，公司居然连一个专业的财务人员都没有，导致在税务等方面产生了大问题，企业为此付出了很多原不该产生的巨额成本。而除了各个专业岗位需要不断引入专业人才外，企业还会有很多新的项目，甚至新的发展方向，这一切都需要有熟悉这些领域的新人来承担。

因此，可以这么说，公司要发展，人才和资金一样重要，甚至更重要！在这些给公司带来新机遇的新人才中，就有一些会成为团队的新晋合伙人。

说完新人,再来说说"老人"。

团队不断发展壮大,老合伙人可能对公司的项目不再感兴趣,或者是不再认同公司未来的发展方向,亦或是有了新的人生规划,甚至有时候因为某些原因,大家的三观不再合拍,在经营战略上产生了重大分歧,使得他们不再全身心地投入原来的工作。

在这种情况下,为了促使团队能继续发展下去,不得不跟这些不再合拍的"老人"谈"分手",要求他们离开。

我们有个企业客户,几个合伙人是大学同学,关系非常好,从大学毕业就开始一起创业,项目前期虽然进展不顺,但是几位合伙人极其团结,一起努力把一个小公司做大做强,不断开拓新的领域并且屡获成功。

眼看着公司发展前景可观,就要走向资本市场,这个时候其中两个合伙人在创业的过程中培养出了感情,由"战友"变成了恋人,顺理成章地结婚生子。

第六章
股权战略四：好聚也好散的团队，设定完善的进入退出机制

这本是一件皆大欢喜的事，但很多时候有了家庭，人的观念也会发生改变。喜结连理的两个合伙人逐渐把重心转向家庭，创业理念从原本的"诗和远方"变成了"现实安稳"：对于公司可能存在风险的转型战略，失去了奋斗的激情和勇气；在重大决议上，开始利用双方股权总数占优势的情况，通过投反对票阻碍公司的发展。但是由于没有完善的"分手"机制，大家除了吵架，其他合伙人对此根本毫无办法，公司的竞争优势也随之在内耗中消失殆尽。

那么，如何才能打通团队合伙人流动的通道，使得大家既能好聚，亦能好散呢？这就需要设定完善的进入退出机制了。

第一节
新鲜的血液，带来永远年轻的团队

一、寻找下一个让蛋糕变大的合伙人

创业就像一个接力赛，每个阶段都需要有新的选手出场，新人的到来就像一股新鲜的血液，会带来更快的速度和更强的动力。如果永远是最老的一批合伙人在不断奔跑，这个接力赛的结果想也不用想，输定了！

所以，公司一定要随时敞开欢迎新人才的大门，并且在新人中找到接力赛的下一棒，为这场持久战带来新的力量。

那么，创始人应该如何慧眼识人，从茫茫人海中找到下一个让蛋糕变大的合伙人呢？注意，我们不是在教你怎么引入优秀的员工，而是在讨论寻找新的合伙人。

千万不能混淆员工和合伙人这两个概念。有了这个前提，我们再来往下看。

我们来讨论一下，什么样的人值得被引入成为合伙人？

（一）与团队价值观一致的人

我们认为，一群人聚在一起合伙做件大事，一定是需要三观合拍、步调一致才行。所以，引入的新合伙人，与团队价值观一致是最基本的要求。

什么叫与团队价值观一致呢？实际上就是说，能从这个合伙人身上看到这个团队的"气质"：有的团队整体"气质"是年轻、创新、锐意进取的，而有的团队则是沉稳、踏实、步步为营的。

举个例子，我们有个客户，创始人很希望能够将一位在公司外部持续提供资源的朋友吸纳为合伙人，但在我们进行访谈的过程中发现，这位潜在合伙人对公司的发展方向持一种怀疑态度。他在我们谈到任何他不太熟悉的词汇时，比方说"动态股权"，都会有一种警惕感，反复说希望做简单一点，不想过多了解他不熟悉的领域。而当我们提出合伙人需要动态考核，以

第六章
股权战略四：好聚也好散的团队，设定完善的进入退出机制

考核的结果来确定获得的股权份额时，他表示不喜欢考核，最好一开始就把股权份额分清楚。同时，对于公司的发展规划，他希望把目前的领域继续做好就行，而不是冒险开拓。

但事实上，这个团队原有的几位合伙人，尤其是团队领导者，却喜欢接受新的挑战，对动态股权非常感兴趣，而且还提前阅读了相关文章，做足了研究才找到我们，未来也希望公司能继续开疆拓土，向全国发展。

显然，双方的"气质"是不同的，一个喜欢冒险，一个喜欢安稳；一个想要考核激励，一个要求直接划分。正所谓"志不同，道不合，不相为谋"，于是，在经过多次访谈和协商后，最终公司还是放弃将其纳入合伙人，仅仅将他作为一个外部资源的提供者来对待了。

（二）彼此信任的人

合伙人之间通常存在着各种"私人"关系，可能是从小"穿一条裤子"长大的铁哥们，可能是彼此欣赏的老同学，也可能是知根知底的亲戚……但无论是哪种私人关系和感情，他们的合作都必须要有强大的信任关系做基础。

信任，是合伙人之间最强的纽带。

很多时候，合伙人之间产生意见分歧，并非好坏之争，而只是对于发展方向有不同的看法。如果彼此之间有很强的信任关系，那么即便在某个问题上有争议，最终也可以达成共识；哪怕部分合伙人在对公司最终的决策不完全认同，至少他们也

会基于信任，愿意共同努力去试一试。

相反，假如合伙人之间缺乏信任，就很容易在做决策时因为各种分歧而陷入僵局，使得公司的发展停滞不前。你说东，他偏要向西，哪怕最终因为实际控制人牢牢把握了控制权，使得决策能够顺利通过，但其他合伙人心里也会抱有怀疑、抵触的态度，可能因此工作不积极，甚至有想散伙的想法。

我们接触过的许多股东纠纷案件的双方当事人，有血缘关系的不在少数。在合伙人层面，纯粹的信任关系比血缘关系更靠谱。所以，当你要吸收一个新合伙人时，你们彼此不妨敞开心扉，面对面沟通，问问自己，是否真正地相信他？即使偶有分歧，也能坚定不移地为了一个共同的愿景而携手走下去吗？

（三）能够长期全职投入创业的人

除了三观合拍，彼此信任，合伙人还要能长期全职投入创业事业。

创业合伙人，绝不仅是一种身份的象征，要真正为了创业而贡献自己的各方面价值。只出资不做事的，哪怕给的钱再多，那也不能叫创业合伙人，最多只能叫投资人。还有的人，德高望重，放在那里就是个活招牌，比如很多公司都会聘请本领域的顶尖专家来做总顾问，但实际上他也只是偶尔参与重要会议及出席宣传活动，这种也不能叫创业合伙人，称之为代言人更为合适。

真正的创业合伙人，一定是能够长期且全职投入创业的那种人。所谓长期，一般来说，持续 3~6 年不间断与团队一起奋

第六章
股权战略四：好聚也好散的团队，设定完善的进入退出机制

斗，才可以称为长期；而全职，则是指能够全身心地投入创业，如果一个人本身有自己的本职工作，而且事业很多，无法全职投入创业，则不建议纳入创业合伙人。

（四）能够为公司持续创造价值的人

创业合伙人一定要具备与公司所需相匹配的价值：比如技术、资源等，并且这种价值是公司长期需要的，而非公司某个阶段的短暂需求。

我们有个客户是科技公司，他们希望激励的两个人员，一个是技术总监，不仅在技术上能够深度参与公司项目，指导其他成员，还在管理方面起着很大的作用；而另一位则是一个特殊项目的负责人，这个特殊项目一旦完成，则公司可大大降低产品的生产成本。可以说，这两个人对公司的作用都非常大，但经过我们访谈了解后，我们建议仅将技术总监纳入创业合伙人，通过动态股权不断地去激励他；而对于第二位项目负责人，则通过分红的形式来激励，并在项目完成的时候直接给予一笔高额现金奖励。为什么呢？

原因就在于，如果将第二位项目负责人纳入创业合伙人，一旦该项目完成，他就不会在公司继续发挥作用了，或者说就无法发挥巨大的作用了。他的价值只是阶段性的价值，并不能持续、长期为公司创造价值。

创业合伙人的价值一定要和公司的各个发展阶段紧密结合，如果只在某个阶段能发挥很大的作用，那么可以采取其他方式

去激励他，比如高薪、特殊津贴、分红等。不是所有有用的人都可以叫"创业合伙人"，不可滥用动态股权分配机制，将所有有价值的人才都视为可以共同创业的合伙人。

二、栽得梧桐树，引来金凤凰：引入新合伙人

讲了如何选择新合伙人，我们再来讲一讲，遇到合拍的合伙人后，如何"栽得梧桐树，引来金凤凰"。

第一步：敞开心扉进行会谈，明确双方需求

一定要先与需要引入的新合伙人有一次正式的会谈，大家开诚布公地聊聊自己创业的想法、愿景，互相了解双方的需求，并且要向新合伙人介绍动态股权分配机制以及目前公司实施的情况，了解新合伙人对公司原有动态股权分配方案的认识，以及对贡献点、贡献值、里程碑、阶段性目标和预分配股权的设置意见和建议。

第二步：确定新的贡献点、贡献值

在深入沟通的基础上互相磨合，按照公司和新合伙人的意见，对新合伙人设置相应的新的贡献点、贡献值。

第三步：签署相关协议

在确定好新合伙人的贡献值、贡献点之后，这些都要落实到纸面上。

新合伙人需要签订一系列的协议，如《参与动态股权分配计划协议》《风险提示确认函》《股权管理办法》《合伙人承诺

第六章
股权战略四：好聚也好散的团队，设定完善的进入退出机制

书》《保密和竞业限制协议》《婚内财产协议书》等。

除了上述几个具体实施步骤，其实引入新合伙人的关键点在于，团队之前已经商量好每个阶段的股权了，现在加入了新人，如何再拿出股权呢？

在谈到这个问题时，必须给大家区分一下动态股权的两种模式：全动态和半动态。

全动态股权分配就是我们一直在聊的模式，各个合伙人基于信任，把公司所有股权拿出来，根据每个阶段设置的里程碑和预分配股权，按照个人的贡献值占比来分配。

在这种模式下引入新的合伙人，只需要各个合伙人协商是否变更原定的预分配股权比例即可。比如原定第一阶段三个合伙人分配20%的股权，现在引入了第四个合伙人，那么大家商量下，四个人是分配原来的20%，还是调整比例为25%、30%呢？然后在方案文件内进行相应修改即可。

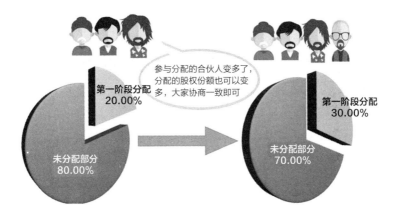

半动态股权分配就是公司在某几个合伙人范围内进行股权激励,这种模式通常和持股平台搭配使用。那么引入新的合伙人进入持股平台后,原定持股平台用于动态激励的股权份额肯定会发生相应的变化,在这种模式下,激励股权通常会有以下两种来源:

(一)增资

如果公司原有的几位股东经过协商,一致同意同比例稀释出一部分股权,由新合伙人或持股平台对公司进行增资,那么股权来源就得到了解决。

又或者原来的几位股东可以在签订股权协议时提前约定好:如果为了公司日后发展,需要引入新的合伙人,那么就同比例稀释出一部分股权给新合伙人,只不过在这种情况下,原有股东的股权会被稀释,也就是持股比例会降低。

(二)大股东转让

第二种方式就是大股东股权转让,这种情况是较少数的。当大股东想引入新合伙人,新合伙人也是大股东自己找来的,比如大股东的朋友、同学等,而其他股东同意新合伙人加入,却不愿意稀释自己的股权时,大股东就只能将自己持有的一部分股权转让给新合伙人或持股平台。或者大股东与新合伙人签订股权代持协议,通过代持股权的方式使新合伙人成为隐名股东。

第六章
股权战略四：好聚也好散的团队，设定完善的进入退出机制

需要注意的是，如果大股东是以股权转让的形式引入新合伙人，那么还需要根据法律和公司章程对股权对外转让的规定，在公司其他股东过半数同意的前提下，履行法定流程之后才得以实现。

> **法条小贴士**
>
> **《中华人民共和国公司法》**
>
> 第七十一条 有限责任公司的股东之间可以相互转让其全部或者部分股权。
>
> 股东向股东以外的人转让股权，应当经其他股东过半数同意。股东应就其股权转让事项书面通知其他股东征求同意，其他股东自接到书面通知之日起满三十日未答复的，视为同意转让。其他股东半数以上不同意转让的，不同意的股东应当购买该转让的股权；不购买的，视为同意转让。
>
> 经股东同意转让的股权，在同等条件下，其他股东有优先购买权。两个以上股东主张行使优先购买权的，协商确定各自的购买比例；协商不成的，按照转让时各自的出资比例行使优先购买权。
>
> 公司章程对股权转让另有规定的，从其规定。

上述这两种股权来源，虽然比较常见，但对于创始人来说，很难做到有前瞻性，往往都是遇到实际问题时，才开始考虑如何解决。一家公司的发展，必须是经过战略布局，层层递进的，对待股权，更是如此。

创始人在选择合伙人之后，都希望在一段时间内保持团队相对的稳定，这是一个团队形成团队文化的根基。但创业本就是一个运气与勇气并存的冒险过程，事情往往不会那么顺利，

也不会在一开始就能够组成一个完美的团队,所以需要在企业发展过程中,保持合伙人团队的开放性,拥抱变化并且可以吸纳更多优秀的人才加入核心团队。

这就需要在最初进行股权架构设计的时候,特别注意留出一部分给未来的合伙人。因为在企业发展的不同阶段,企业的价值是不一样的,吸引人才的砝码也是不一样的。所以在初始团队搭建的时候就要跟所有的合伙人协商好,留出部分股权给未来合伙人,避免未来"蛋糕"做大后在引入新合伙人的问题上出现分歧。

在无法确定公司日后发展过程中是否会有新的合伙人加入时,或者无法确定日后是否会推行动态股权时,可以通过预留股权池的方法来作储备,这在前期方案中也需要写清楚。

新合伙人的加入,在创业公司发展的过程中非常常见,而预留股权池会让新合伙人的加入更顺利、更简便,并能减少这一过程中发生的纠纷,对创始团队、原有股东以及创业公司来说,都是百利而无一害的。

在预留股权池时,有以下几点需要注意。

(一)股权池的股权由谁持有?

预留股权池是指在公司创立之初,几个创始股东通过协议约定预留一定比例的股权,将来可用于引进新的合伙人。

因为《中华人民共和国公司法》尚未支持直接将股权池作为股东进行注册,因此股权池中的股权,一定是由某人持有的,实践中往往成立一个持股平台来持有。而在持股平台内部,可选择普通合伙人代持(间接持有)这部分财产份额,在新合伙人加入时,普通合伙人可以进行财产份额转让,或者通过股权/财产份额代持协议来实现新合伙人的持股。

(二)股权池的股权比例预留多少合适?

由于各个公司的具体情况不同,详细的股权比例是由创始团队根据自身情况自行约定的,并无统一标准。在预留股权时,如果你的公司是一家开放性很强、依赖人才、需要众多新合伙人加入的公司,那么预留的股权池比例可以稍高一些,反之则可稍低一些。

就我们的实操经验来看,预留股权池的股权比例占企业总股本的 10%~30% 较为常见。

(三)是否需要不断增加预留份额?

这一点并无绝对的答案。

根据我们的实操经验来看,如果公司最开始已经有非常清晰的股权规划,那么可以不增加预留份额。

原因在于,初创时期公司股权价值较低,第一批合伙人往往是至关重要的,很多人都在公司发展初期为公司立下了汗马功劳,属于"开国元勋"级别的人物,这批人的贡献完全值得分配较多的股权份额。

并且,随着公司的不断发展,估值会增长,那么后续的股权单点价值也会上升，即使后期加入的合伙人能够分得的股权比例较少，但价值却不一定比最初的那部分合伙人获得的价值低。同时，如果不断增加预留份额，显然会带来其他合伙人股权比例的稀释，甚至危及控制权。因此，无须不断增加预留份额，只需要按照原来的股权规划持续实施分配机制即可。

那如果公司最初没有完善的股权规划，都是走一步看一步的，那么我们建议根据实际情况来决定是否增加预留份额。如果公司战略转型需要引入更多的新合伙人，或者公司发展壮大后，原有预留份额不够分配的话，那么可以根据需要稀释或转让一部分股权出来，方便引入"新鲜血液"。不过这种情况下，需要公司实际控制人考虑好股权比例，可以通过一些机制设计，保障控制权不因股权比例的稀释而丧失。

第二节
老伙伴要走人，学会优雅和谐地收回股权

之前有客户因为"散伙"的事找到我们。

他们四人合伙创业，创业进行到半途时，有一个合伙人与其他合伙人不和，正好也有个好的工作机会，因此，他提出离

第六章
股权战略四：好聚也好散的团队，设定完善的进入退出机制

职。但是，对于该合伙人持有公司高达 10% 的股权该如何处理，大家傻眼了。

离职合伙人说：我从一开始就参与创业，既有功劳，又有苦劳。《中华人民共和国公司法》也没有规定，股东离职必须退股；公司章程也没规定，合伙人之间也没签署过其他协议，合伙人退出就得退股。在他提出离职前，合伙人之间从未就离职是否要退股的问题讨论过，也没做过任何沟通，因此，他拒绝退股。

其他合伙人说：我们还得在公司持续奉献，像养小孩一样把公司养 5 年，甚至 10 年。你打个酱油就跑了，不交出股权，不就是搭以后的便车么，这样对我们继续参与创业的其他合伙人不公平。

双方各有立场，涉及自己的利益，互不妥协，就这样互相折腾、互相折磨，完全没有一丝情谊可言，谁能看得出来这几个人曾经是共同奋斗过的伙伴呢？即便这个合伙人同意退股，但是对于退股方式、流程和价格，又是一场口水战。

当然，这绝非个案，大部分的团队都遇到过或都将遇到这种麻烦。

那么，我们该如何做好离职合伙人股权的退出机制？

在这里，我们需要着重强调一点：请神容易送神难。对于合伙人的退出，一定要在前期做制度设计，而不是在老合伙人去意已决的情况下，再来谈"分手条件"。因为这个时候，双方都会争夺自身的利益，要走的老合伙人可能根本不会再站在公

司发展的立场上,理智、心平气和地与团队沟通了。

那么在前期合伙时,如何谈好"分手条件"呢?

一、明确合伙人退伙原因

我们都知道,合伙人想要退伙,原因和情形真的可以是五花八门。我们通过各种具体的情形来看他们离开的原因,大致可以归结为两大类:有责退出和无责退出。

(一)有责退出

"有责退出"的"有责"是对于离开公司这件事,合伙人是有责任的,比如侵害了公司利益,或者违反了公司的某些规定,这种时候,清退损害公司利益的合伙人,就成了一件必要的事情。

(二)无责退出

无责退出就是说合伙人需要离开公司,但退出不是他自身的责任,比如合伙人因生病或者其他不适宜继续留下来的客观情况发生而不得不离开。原则上来说,在这种情况下,合伙人虽然提前退出了创业队伍,对整体事业或多或少是有些影响,但是本着人文关怀和客观公正的态度,合伙人要走,该给的权益还是要给人家。

第六章
股权战略四：好聚也好散的团队，设定完善的进入退出机制

（三）退出情况的列举

根据实践经验，我们将一些常见的有责及无责退出情形列举出来，见下表，供参考：

合伙人退出情形一览表

序号	有责退出	无责退出
1	违反法律强制规定的	在固定服务期届满后辞职的
2	违反公司管理制度及规章的	因达到国家和公司规定的退休年龄而离职的
3	在固定服务期内辞职的	因丧失劳动能力而离职的
4	其他失职或渎职造成严重损害公司利益的情形	死亡、被宣告死亡或被宣告失踪的
5	有《中华人民共和国公司法》第一百四十六条不允许担任董事、监事、高级管理人员情形的	个人原因（离婚、诉讼）需要强制分割个人财产的
6	利用职权收受贿赂或取得其他违法收入，侵占公司财产的	其他非因过错而终止劳动合同或退伙等情形
7	挪用公司资金的	
8	将公司资金以个人名义或其他个人名义开立账户存储的	
9	违反公司章程的规定，未经股东会、股东大会或者董事会同意，将公司资金借贷给他人或者以公司财产为他人提供担保的	
10	违反公司章程的规定或者未经股东会、股东大会同意，与其他公司订立合同或者进行交易的	

(续)

序号	有责退出	无责退出
11	接受他人与公司交易的佣金归为己有的	
12	违反国家有关法律、行政法规或《公司章程》的规定，且给公司造成重大经济损失的	
13	因犯罪行为被依法追究刑事责任的	
14	其他由公司董事会认定不适宜担任董事、监事、高级管理人员，或不适宜被纳入合伙人范围的情形	
15	合伙人因过错或过失对公司利益造成损失，经公司股东会或董事会决议强制退出的	
16	违反《同业竞争协议》《保密协议》损害公司利益的	
17	未经股东会或者股东大会同意，利用职务便利为自己或者他人谋取属于公司的商业机会的、自营或者为他人经营与所任职公司同类的业务的、擅自披露公司秘密的	
18	未对公司尽到忠实义务和勤勉义务的	
19	公司有充分证据证明该合伙人在任职期间，由于受贿、索贿、贪污、盗窃、泄露经营和技术秘密等损害公司利益、声誉的	
20	公司有充分证据证明合伙人在与公司有竞争关系的同业企业任职或兼职的	
21	公司有充分证据证明合伙人投资与公司有竞争关系的同业企业的	
22	合伙人因过错或过失导致被解聘、辞退、除名等情形	
23	合伙人因《劳动合同法》第三十九条原因与公司解除劳动合同的	

第六章
股权战略四：好聚也好散的团队，设定完善的进入退出机制

通过上表的列举可以发现，"有责退出"的情形远远多于"无责退出"。原因在于，"有责退出"的情况是会侵害公司及其他合伙人利益的，我们需要尽可能将这种情形都进行明确的列举，一旦发生，可以按照《合伙协议》清退他们，保障公司及合伙人的利益。

在这里，细心的读者会发现，我们将"离婚"和"诉讼"也列举到需要强制退出的情形中。有一些客户常常会问我们，虽然算作"无责退出"，但是为什么离婚和诉讼也要强制退出呢？个人的婚姻和诉讼又不影响合伙人继续在公司"发光发热"。

其实，如果发生离婚或者诉讼的情形，合伙人持有的股权/财产份额作为个人财产，可能会被分割或执行，这个时候，获得财产的配偶或第三人就有可能成为公司法律上的股东。

但是我们前面讨论过，合伙人必须要三观合拍、对公司有重要价值且要求长期、持续、全职投入创业，一旦股权/财产份额作为个人财产被分割或执行，怎么保证新进入公司的配偶或第三人是符合团队合伙人要求的呢？让一个陌生人成为公司股东，也与有限责任公司"人和"大于"资和"的特点相违背，对于公司的发展极其不利，更别说对于创业期的企业了。

所以，如果合伙人不能解决自己的离婚、被执行的事，为了公司现阶段的生存和长远的发展，要求他退出公司可能是一种更好的选择。

当然，也可能存在这样一种情况，比如说公司对某个合伙

人的依赖程度极高，离开他公司难以发展，而且公司在早期制度设计上也做出了筹划，即使他经历婚变，股权作为个人财产被分割，但是对方只能获得分红，对公司的实际控制和经营不会产生影响。这种情况下，就需要考虑是否将"离婚"作为退出事宜了。

因此，上述列举只是基于一般的实践，归纳出了一些比较常见的情况，在实际操作时，还需要按照具体情况具体分析。

二、确定回购机制

明确退伙原因之后，我们需要确定回购机制，我们在第四章也专门介绍过关于贡献值的回购问题，主要基于贡献值这个要素，进行了关于回购原因、是否回购，以及回购原则的阐述。

而在本章，则要着重讲技术上的问题——即如何设定回购的机制。

从退出原因上，我们分为"有责"和"无责"两种情况，那么在退出处理上，自然得根据不同的原因做不同的设置了。退出的机制肯定是不同的，有责退出需要体现一定的惩罚性，而无责退出则要在人道主义上多做考虑，毕竟不能寒了合伙人的心。

那么回购机制该确定哪些要点呢？

（一）决策机构

在实践中，回购的决策机构通常包括持股平台普通合伙人、

第六章
股权战略四：好聚也好散的团队，设定完善的进入退出机制

股东会、执行董事/董事会这三种。

每一种决策机构所对应的决策程序都是不同的，但都要求以决议的形式做出。

在实践中，我们一般推荐由持股平台普通合伙人作为决策机构，因为持股平台普通合伙人通常由公司实际控制人担当，决策程序简单快捷，避免股东会、董事会决议程序的麻烦。

（二）贡献值回购

这里的贡献值指的是在合伙人退出时尚未转为股权/财产份额的那部分贡献值。对这部分贡献值的回购，需要分阶段对其进行结算。

1. 第一个结算日前离开公司

通常来说，若合伙人于第一个结算日前离开公司，我们都建议将其贡献值直接清零，该合伙人也不得要求公司结算并回购其贡献值，同时他的离开不影响其他合伙人贡献值的计算。

因为对于创业团队来说，最开始的时期是最艰难的，如果合伙人都不能在第一个结算日之前携手走下去，对于公司来说就是重大打击。这种情况下，当然不能要求回购贡献值，而且也可以通过机制"倒逼"合伙人团结一致，不要抱着试试看、不妙就逃跑的态度创业。

2. 第一个结算日后离开公司

而若合伙人于第一个结算日之后离开公司，则贡献值自其

离开之日停止计算,但该贡献值应当予以记录并保存。公司实现下一个阶段性目标时,该合伙人的贡献值纳入全体合伙人贡献值总额,用于计算各合伙人的该阶段应得股权。但该合伙人的贡献值不再换算为股权,毕竟合伙人已经走了,不需要再计算他的股权比例。

这种情况下,就需要考虑是否要对未清零的贡献值进行回购了。

大多数情况下,为了让团队绑定得更紧,我们的客户不会选择回购未转为股权的这部分贡献值。

但也有部分客户基于情谊或其他考虑,同意在无责退出的前提下,对合伙人这部分未变现的贡献值进行回购。如果需要回购,一般来说也会是打折回购,折扣视情况而定。

总的来说,是否回购贡献值、哪些阶段可以回购、以什么价格回购,这都可以根据公司实际情况来确定。

(三)股权/财产份额的回购

我们都知道,动态股权的一个核心点就是"离职即离股"。

前面讨论过,当合伙人退出公司后,其已经持有的这部分股权应该按照一定的形式退出。因为公司创业初期需要的是一起打拼的人,而不是离开之后还继续分红的人,这样做的目的是为了让继续留在公司里奋斗的其他合伙人感到更公平,另一方面也便于公司的持续稳定发展,将收回来的股权用于激励后续的新合伙人。

第六章
股权战略四:好聚也好散的团队,设定完善的进入退出机制

(四)回购价格的确定

无论是贡献值的回购,还是股权/财产份额的回购,都涉及一个核心点、回购价格。关于如何确定具体的退出价格,通常有四种参考值。

1. 原始出资/购买价格

参考合伙人原始出资/购买价格,在此基础上进行溢价或者折扣处理。比如在有责退出时,回购价格可以按照合伙人原始购买价格与上一年度公司经审计净资产价格计算出来的股权/财产份额价格孰低进行回购,这是惩罚性的体现。

如果是无责退出,则可以参考银行同期利息,以略高于同期银行贷款/存款利率的利率数值来计算回购价格,或者直接约定一个利率数值,按照合伙人参与创业的年限来计算。

2. 经审计净资产值

第二种是参考公司最新一期经审计净资产值。入股价格的确定有一种是以当时的净资产值进行打折来计算的,相应地在合伙人离职的时候,可以打同样的折扣,按照最新一期经审计净资产值为基数计算回购价格。如果公司是正常发展壮大的,那么股权就有一定溢价,合伙人也可以拿到较高的"分手费"。

这种方法在实践中常用于无责退出情形,并且适用于审计净资产可以较为公允地反映公司发展情形的公司。

3. 融资估值

对于一些进行过融资的公司,可以参照公司最近一轮融资估值。

因为融资估值是对公司资产、品牌、市场占有情况的综合定价，通常会远远高于公司的净资产值。如果按照公司融资估值的价格进行回购，公司会面临很大的现金流压力，也不太合理，并且融资估值是对公司未来几年的"价值期许"，合伙人现在就离开，自然算不上对未来的持续贡献，也不应该完全按融资估值来回购。当然，如果合伙人进入的时候公司已经有过融资，那么我们可以将合伙人进入价格与当时融资估值作比较，计算出一个折扣，在退出的时候，可以参考当前融资估值，采用相同折扣价格计算合伙人的退出价格，也是较为公允的计算方式。

4. 股权评估值

第四种参考值是第三方评估机构对公司的评估值。公司为了"摸清家底"，可以聘请专业的第三方股权评估机构进行评估，通常评估值会略高于公司经审计净资产值，但是会低于融资估值。

如果公司认为经审计净资产值太低，融资估值又太高，可以折中选取评估值作为回购价格的参考值。

而上述公司经审计净资产值、融资估值、评估值，也是税务机关在办理转让股权/财产份额核税时认可的三种参考值。

（五）回购主体的确定

前面讲了谁决定回购、怎么决定回购、回购价怎么算等问

第六章

股权战略四：好聚也好散的团队，设定完善的进入退出机制

题，这些问题最终都需要具体的主体去落实完成。那么，由谁来回购离职合伙人的股权呢？

一般来说，可以由持股平台普通合伙人或者公司进行回购，此外，也可以由方案确定的其他股东、员工或指定的第三方进行回购。回购主体需要根据公司实际情况确定，并无统一标准。

我们常用的方法是由持股平台普通合伙人来回购。这个方法的好处就是回购的股权可以重新流入预留股权池，进行后续的激励，形成良性循环，也不会导致控制权的旁落。

在这里我们需要注意的是：如果由普通合伙人回购用于后续流转的，需要解决普通合伙人回购资金的来源问题，可以采取向公司借款、公司财务处理或适当延长价款支付期限来缓解资金压力等方法。

（六）是否将退出机制写入章程

工商局通常都要求企业用其指定的章程模板，股权的这些退出机制很难在注册公司时直接写进公司章程。

如果在注册公司时无法将退出机制加入章程进行备案，那么可以将退出机制在章程修正案中进行体现。除此之外，合伙人之间可以另行签订协议，约定股权的退出机制。在股东协议中约定，如果公司章程与股东协议相冲突，以股东协议为准。

要知道，合理的分手，是为了更好的明天。

再次强调，我们一定要在前期做好相关的制度设计，切不可临到合伙人要带着股权退出时，才开始讨论该如何"散伙"，

那个时候就为时已晚了。

第三节
准备好投资人加入了吗?

许多初创公司为了发展,都会进行融资。之前说过,对于只出钱、不做事的投资人来说,不可能将其纳入动态股权的考核范围,但是引入投资合伙人时必定会给予其股权,该如何解决动态股权机制与投资合伙人的关系呢?这要求创业团队在初期进行股权架构设计时,提前把机制设定好,保证在动态股权架构下引入投资人,不会引发重大风险或分歧。

一、为融资预留份额

公司最好可以根据行业经验和战略规划,提前设想需要经过几轮融资,每轮融资预计需要预留多少份额。这对于创始团队来说,或许会有点困难,但股权战略是一个长期的机制,如果前期规划不完善,公司没有根据战略目标随意融资,那么融资几轮后,初创团队的股权比例会有稀释到危险线下的风险。所以要在前期根据里程碑做好融资比例的预留,这样才能避免

第六章
股权战略四：好聚也好散的团队，设定完善的进入退出机制

等投资人到门口了，胡乱稀释股权比例，给初创团队埋下"出局"隐患。

那么，预留多少给投资人比较合适呢？

这就要看公司自身的情况了，比如很多互联网科技公司，一开始就是奔着融资的道路去做的，那么给投资人的预留份额就要多一些。而有的公司，比如制造业公司，对融资需求并不大，或者有些公司甚至都不确定自己是否要进行股权融资，在这种情况下，预留的份额就可以相应少一点。

二、什么阶段引入投资人

投资人的引入一定是分阶段的，要与公司设定的里程碑、阶段目标挂钩，绝不可盲目地引进资金。

资金是所有创业企业在早期阶段非常需要的资源。但无论是天使投资人、VC（风险投资）还是PE（私募股权投资），创业者都不可能仅仅只从他们手中获取资金就能促成发展，更重要的是双方相互认同，各取所需，才能实现共赢。

如果双方对公司的商业模式、未来蓝图无法达成共识，那么很大概率是会不欢而散的。因此，在引入投资人的时候，不要只顾拿钱，还要和对方多谈谈公司的整体规划、当期目标以及动态股权机制的情况，以求找到能够和公司目标相匹配的投资人。

比如在创业初期，公司需要的不一定是巨额资金，在这个

阶段,由于合伙人较少,公司规模小,合伙人的贡献值总量一般并不高。这个时候如果没有根据公司发展阶段需要去引入投资,而是"见钱眼开",盲目引入投资人,创业团队很可能会失去话语权。

初创团队失去话语权,对于创业公司来说就是灾难,因为投资人并不一定都是"天使",他们的目的是为了取得投资回报,而不是烧钱让你去实现梦想,当他们认为你的公司不赚钱或者他们认为赚够了钱的时候,会毫不犹豫地套现离开,甚至会逼你一起卖掉公司。

因此,正确引入投资人的方式,是把当下阶段完成目标所需要的成本进行预算,并参考预算值引入实际所需的资金,根据需要来稀释股权,这才是股权战略。

注意,公司在不同阶段有着不同的目标,缺少的也不仅仅是钱,公司引入投资人时,也要关注投资人的其他增值因素,当然,要和当期目标相结合。可以从以下几个方面考虑。

第一,资本运作服务。对于创业者来讲,这可能是他人生第一次和资本打交道,而知名的投资机构最为驾轻就熟的就是资本运作。能否为创业者提供全面的资本运作服务,是创业者选择投资机构的考虑重点之一。

第二,资源整合服务。战略投资人可以为公司提供纵向的产业链的资源整合以及横向的资源整合。纵向的产业链的资源整合,就是依靠投资机构的资金和资源,把自己投资的产业链上的项目串起来,相互结合、相互利用、相互支援。横向的资

第六章

股权战略四：好聚也好散的团队，设定完善的进入退出机制

源整合则更加考验投资机构的想象力，通过对市场的敏感度，能够把两个本来不相干的企业串联起来，实现强强联合，比如互联网公司和门店、同城平台和物流服务等，打造产业生态链。

第三，规范管理服务。初创公司的发展往往都很粗放，如果前期能引入一家有丰富资金管理经验的投资机构，它就可以帮助创业者花最小的成本达到规范管理的目的。

第四，疑难杂症服务。如何针对企业个性化的疑难杂症，提供专业的增值服务，是投资机构能力的表现。在企业创业的道路上，区域资源、政府资源甚至于土地资源的整合，都有可能帮助企业解决大问题，这些都是投资机构进行增值服务很重要的内容。

三、引入怎样的投资人

投资人那么多，身份不同，各有所长，可以根据其对于公司的意义不同，将其分为两大类——财务投资人和战略投资人。

财务投资人一般不考虑自己与创业公司在业务上的关系，更多是从财务回报的方面考虑，选择适合的创业公司。财务投资的目的是谋求经济上的回报，通俗点说就是为了赚钱。因此财务投资人更青睐市场空间广阔、高成长性的项目。一般来说，财务投资人比较注重短期利益，不会强调对公司的绝对控制权，只要保证投资你能赚到钱就行，未来主要的退出方式是并购或者上市。

而战略投资人和被投资公司一般来说有业务上的联系，从事上下游或者关联行业。战略投资者除了能投钱之外，还能介绍客户、供应商、技术、经验、人才或者其他对业务有帮助的资源，有助于被投资公司的发展。

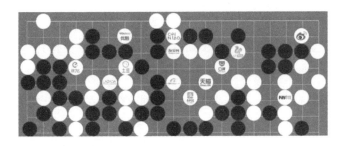

在上面这张棋盘上，被收购或者控股的饿了么、优酷、口碑、高德、UC 等都是执白子阿里巴巴的活棋，对阿里巴巴来说，这些公司是否能赚很多钱或者是否在自己的领地获得一隅的优势并不是最重要的，阿里巴巴的真正目的是将它们联合起来，吃掉最多的黑子，帮助自己赢得全局胜利。

第六章
股权战略四：好聚也好散的团队，设定完善的进入退出机制

一般来说，战略投资者会长期持有项目，甚至直接收购项目，同时要求在公司有很强的话语权，最终将通过业务协同在一级市场上获得更高的溢价来获得收益。比如说"TMT"⊖行业的发展，大家都知道的"BATJ"，它们就是特别典型的战略投资人。战略投资人投资的时候，直接目标不见得是财务的快速回报，而往往是产业整合，即其在上下游的资源跟你的业务匹配，从而谋求共同发展，或者直接将所投资企业并购。

创始合伙人就是"走钢丝的人"，创业就是在平衡各方权益之间把握住最佳的发展机会。因此，建议创业者在选择投资方之前，回归初心，审视自己到底为什么创业，公司到底需要什么，未来怎么发展。对自己的目标有了更清晰的规划后，才能选择真正适合自身发展需要的投资人。

四、投资人为动态股权架构带来新的发展空间

当公司越来越成功、赚钱越来越快、离 IPO 越近时，股权与利益的问题就会越容易产生。尤其是股权分配如果没有彰显每个合伙人的相对价值，那么团队中可能会产生不良情绪。

比较好的方法当然是早期就把这个问题解决掉，因为到了

⊖ TMT：是科技（Technology）、媒体（Media）和通信（Telecom）三个英文单词的缩写，是未来电信、媒体科技（互联网）、信息技术的融合趋势所产生的新兴行业的简称，包括移动互联网、社交网络、新媒体和电子商务四个领域。

后期，解决空间会越来越有限，但也不是没有机会修正，如果有合伙人离开，可以收回他的股权来重新分配。如果有 B、C、D 轮增资，你可以跟投资人要求"期权池"（ESOP），通过发放新的选择权来平衡股权与利益。最后，如果股权分配真的过于集中，负责任的 CEO 甚至会拿出自己的股权分配给伙伴们。

当然，你一定需要一个好律师来为你把关，制定优质的动态股权分配机制，做好章程的顶层设计，并指导你签署一份完美的投资协议。

第七章

股权战略五：
白纸黑字更有保障，让动态股权契约化

动态股权

第七章

股权战略五：白纸黑字更有保障，让动态股权契约化

第一节
没有预先的分配计划，没人敢跟你玩

不得不说，现在股权激励、事业合伙人、虚拟股权、动态股权这些概念在创业圈已经非常火了，很多有创新思维的老板找到我们的时候，都会说以下这些话：

——我以前在公司做过股权激励的。

——我特意去外面报班学过动态股权！

——能不能简单点，就给我个模板我自己改改！

——我们已经建立了合伙人分级的制度，分为事业合伙人、预备合伙人、创业合伙人，只需要一个协议就行，考核我们自己做。

但是当我们接着聊下去的时候，就发现老板们自学的各种激励方式存在着非常多的漏洞及风险。

举个例子，与我们聊到公司内部合伙人分级制度的老板，是一位非常优秀的创业者，他对事业合伙人制度产生了很大的兴趣，通过自己看书、查找案例积累了一些知识，于是在自己的公司内部制定了一套合伙人分级制度。

我们在对他进行访谈的时候发现，他制定的整个制度其实

已经算是比较完整和科学了,考虑的要点也都在"点"上。但遗憾的是,整个制度没有形成完整的书面文件,平时与激励相关的制度全靠他一个人拍脑袋决定,偶尔写了个一页纸的简单文件,约定也不清楚。

比如说,有些员工的贡献、能力达到了他制定的某个级别合伙人的标准,他就口头对这个员工进行承诺,答应要让他做某个级别的合伙人。双方虽然都看似各得所愿,欢欢喜喜,但在实施中,一旦遇到有口头承诺没有覆盖到的地方,比如,这个员工要离职了,关于他怎么退出却没有提前谈好条件,老板也只能当场拍脑门决定怎么办。可惜"请神容易送神难",就算他要离开,也不会"乖乖交出"股权,尤其是在公司发展还不错的时候。因此可以预见,双方只有靠多轮的谈判才能解决问题,如果"谈不拢",只能申请诉讼了。

在这个机制实施过程中,还多次出现过他随意做出临时决定,使得一些条件相同的员工得到了不同分级的情况,导致员工内心都觉得不公平,整个激励方案的效果也就不尽人意了。

经历了重重困扰,他开始意识到自己之前基本上都是口头约定或者是有约定但是约定不全面的不足之处,从而导致出现了种种矛盾。于是他想到了提前制定合伙人分级方案,并和员工签协议,鉴于缺乏专业指导,怕再次遗漏重要事项,就从网上下载了协议模板。

但后来还是出了问题,因为毕竟是模板,无法与公司的真实情况良好匹配,在出现新的问题后,他才发现之前签的协议

第七章
股权战略五：白纸黑字更有保障，让动态股权契约化

也没有用。

经历了种种挫折之后，他终于找到我们，一上来就说："律师啊，我真不明白，我全心全意要让公司和大家实现共赢，这个制度本身也是科学的，但为什么实施起来不仅我自己感到累，大家心里还觉得不公平，达不到我预想的激励效果呢？我是不是该取消这个合伙人制度呢？"

创业者：律师啊，劳心劳力制定的合伙人分级制度，执行起来不但心累而且没有激励效果，为什么呢？

律师：因为制度没有"契约化"，谁也不敢跟你玩儿

事实上，这就是制度没有契约化的结果，不管是什么激励模式、合伙模式，若没有预先的、落到纸面上的分配计划，谁都不敢玩儿，毕竟在员工和合伙人心里，规则掌握在老板脑袋里，而不在可以看见的纸面上。曾经酒桌上谈好的一切都有可能朝令夕改，风险未免太大了。就算有了所谓的模板文件，但因为并非定制化文件，可能无法完全适用于公司，这种约定基本上等同于没有约定。

为了帮助这位老板顺利实施合伙人制度，将合伙人制度与动态股权分配机制结合起来，促使制度规定与他们本身的合伙

人分级制度相匹配,我们和公司合伙人一起,把动态股权分配机制和合伙人分级制度都进行了契约化梳理,最终形成了完整的分配计划和配套制度等书面文件,并配合公司组织合伙人宣讲、答疑、签约。

过了一段时间,这位创业者特意向我们进行了反馈,表示自从明确制度并形成契约之后,公司运行得更顺畅了,同时,合伙人的工作积极性显著提高,正像他们预想的那样真正被激励到了,对公司的业绩和发展起到了非常好的催化作用。

这里,我们就来具体谈一谈动态股权分配机制契约化所需的一系列文书。

一、动态股权分配计划

《动态股权分配计划》(以下简称"分配计划")是整个动态股权分配机制契约化的核心,我们所有的配套文件都是围绕分配计划而衍生出来的,目的就是对分配计划进行细化、补充和配合,使得分配计划能够有效地实施下去。

要想写好《动态股权分配计划》,首先我们要搞懂什么是计划,简单地说,计划就是为了达到某个目的而制定的可以具体实施的步骤流程。有了计划,整个动态股权机制才有可以参考的内容,如果没有这样的书面文件,复杂的动态股权分配机制会给管理带来非常大的困扰。因此,我们的分配计划一定要结合公司实际,以便于管理为前提,以高效激励为核心,如果不

第七章
股权战略五：白纸黑字更有保障，让动态股权契约化

形成书面文件，即便我们把股权分配机制"想"得完美无缺，那也只是海市蜃楼，合伙人无法对着一个若有若无的影子做出细节的描述和安排，自然无法顺利实施，更别提能达到预期的效果了。

我们要制定一套能真正适应公司自身需求的动态股权分配计划，需要基于以下几个目的去进行考虑。

（一）结合公司实际

在前文也提到过，很多企业家常常是靠自己来制订初期计划，所以在接待了众多的有股权设计需求的客户后，我们也有幸见识了许多从网上下载的模板。先不说模板本身的优劣，方案没有好坏，只有适合与否，不同的行业、不同的目标都会有不同的条款供选择。而且关于方案，有些情况下是单独使用的，有些情况下是需要搭配其他文件使用的，但是网上的模板经过反复传播，我们已经很难辨认哪些文件是相配套的了，甚至会误以为仅仅使用某一份文件就可以达到股权分配优化的目的。因此要制订公司的动态股权分配计划，切勿盲目使用模板。

比如说，财产份额的价格以什么为数据参考来进行计算？常见的方式有三种：一是融资估值；二是公司经审计的净资产值；三是股权评估值。在我们的案例中，互联网企业一般是以融资估值来作为计算基数的，因为互联网行业普遍都在进行融资，而且互联网公司更看重技术和品牌的市场潜力，行业特点就是不断融资以图上市，所以依据融资估值比较科学。

事实上，已进行融资的和尚未实际进行但已有完整的融资计划的公司，我们都建议采用融资估值来作为价格计算的基数。因为融资估值的数字非常高，以此为基数作折扣来确定财产份额的价格，比起外部投资人，会让合伙人感觉到自己以超低的价格取得了高价的股权，激励效果会更加突出。

但有些公司确实没有融资的考虑，这个时候就要考虑采取净资产值或者股权评估值作为价格计算基数，其中股权评估值需要有第三方机构进行评估，如果公司没有这项数据，就只能选择净资产值了。

另外，关于退出机制，有责退出、无责退出如何设置回购条款，禁售期如何确定，合伙人岗位调整如何处理，利润分配由什么机构决定、怎么分配等内容都需要根据公司情况进行设计，这些在其他章节均有讲述，就不再赘述了。

（二）查漏补缺，灵活应对未来

计划是面向未来的，而未来又是不确定的。制订计划的目的，就在于如何适应未来的不确定性。因此，我们首先需要梳理动态股权分配机制全流程，对于整个流程中会出现的不确定与变化进行预测和分析，然后在方案中提前设置可供选择、调整的内容，面对可能发生的风险制定相应的补救措施。

例如，对于我们设置的里程碑，也就是公司阶段目标的完成情况，通常公司都会划分为"达到"和"没有达到"两种情况。

第七章
股权战略五：白纸黑字更有保障，让动态股权契约化

但我们结合公司实际来看，在"没有达到目标"这一种结论中，又包含了多种情况：完成了目标的1%、完成了目标的11%……完成了目标的99%。

我们发现，虽然都是未完成目标，但对公司带来的影响是完全不同的。

完成了20%，不分配股权，也说得过去，毕竟才完成了1/5，离100%目标还远得很。那如果完成了99%，距里程碑完成就差了一丁点，可能并不是大家不努力，或许是因为市场、政策等意外情况所致，虽然和完成目标1%一样，都是未完成目标，但是合伙人付出的努力和做出的贡献肯定是有区别的。若对未完成目标中的"完成目标1%"和"完成目标99%"一视同仁无差别对待，就失去了"动态股权"按贡献分配的核心意义了。

说到这，大家都明白了，对于里程碑的完成度，公司需要设定一个最低底线，可以理解为及格线。低于这个底线，也就是说连最低目标都没有完成，合伙人并没有付出能够和收获相匹配的努力，在这种情况下，也就没有进行动态股权分配的必要了。那本来准备分给合伙人的股权怎么处理呢，我们建议继续留在股权池，用于后续阶段的分配。

在这个底线之上，又该如何计算可分配的股权比例呢？这就需要合伙人预先协商一致，在底线之上再根据完成度来分配股权。

举个例子，如果公司今年定的目标是达到净利润2000万

元,底线是 1500 万元,预分配股权比例是 20%。结果今年因为政策原因导致公司某一项业务无法开展,公司净利润只有 1800 万元,那在这个阶段,完成度和预分配股权的适配计算就是:(1800÷2000)×100%×20%=18%。也就是说,该阶段几个合伙人可以分配公司 18% 的股权,个人可分得的比例,还是按照贡献值占比来计算。

也有客户问,"达到目标"可能也包含多种含义,包括刚好完成、超额完成。那如果大家超额完成了目标,我们需要额外增加预分配股权吗?在实践中,我们通常建议是不需要额外增加的。因为超额完成目标,是各个合伙人一起努力的结果,成果也是大家和公司共享,并没有被某人私占,如果要额外增加股权,其实分的也是大家的蛋糕,相当于把下一期的蛋糕,提前分了而已,对于股权战略来说,并无必要,还会打乱最初的规划。

不过,这并不是绝对的,有一种情况,比如今年某位合伙人的贡献特别突出,为公司带来了预先没有想到的价值,但是其他合伙人的贡献也不错,这个时候再按原来的比例分,要么是这位合伙人因为特殊贡献点而分得更多,导致其他合伙人心里不是滋味;要么是这位合伙人的贡献没有被公平衡量,导致他心里不高兴。

这个时候,就需要几个合伙人商量一下,今年大家表现这么好,那能不能把蛋糕划大一点,对大家的贡献都做到公平衡量,不亏待某个合伙人,也不让其他的合伙人感到委屈。

所以,是否分配、分配多少都没有绝对的答案,这些都需

第七章
股权战略五：白纸黑字更有保障，让动态股权契约化

要结合公司实际情况，在方案中进行明确。

我们要清楚一个道理，即便我们在写方案的时候已经很仔细地去预测未来会发生的方方面面，但毕竟公司的未来就像一个人的未来一样，甚至比人的未来还难预测，人的成长有轨迹，公司的发展就完全看战略和市场了。

即使基于经验，我们在计划中尽量全面涵盖了未来的可能性，但是市场变化、公司战略调整，随时可能像人生的意外一样降临，为了应对这类变化，我们就得将应对变化的决策人和程序在方案中予以明确。比如将本计划进行变更及终止的权利由股东会授予持股平台的普通合伙人决定。

（三）解放老板

一个好的动态股权分配计划，可以统一大家的行动路径，使各个合伙人的行动对准既定的目标。

根据分配计划，管理团队可以向着一个目标往前冲，使得老板可以从不断地拍脑门解决新问题，以及与各类人员反复解释计划流程方法等烦琐事务中解放出来，可以将主要精力放在随时检查、修改计划和对未来不确定因素的研究上来。

但分配计划是针对整个机制框架进行设计的，不可能把这套分配机制的每个细节都在计划中写明，那么就需要我们将各个部分的流程步骤、负责的机构、人员分工、操作程序进行明确。同样，如果有些内容不便于在方案中全部展开，也需要以配套文件的形式进行明确。

一个好的分配计划，首先就是要把一些专业名词和术语在方案开头进行释义，比如里程碑、预分配股权、计提、结算等，不能只有制订者自己才能看懂方案。

好的方案一定不是高深莫测的，那种专业名词一大堆，让没有参与过方案制订过程的人看不懂的方案，很容易造成他们的警惕心理，不愿意参加计划，而同时，往往又需要向新加入的合伙人解释一遍，这不仅浪费大家的时间，还有可能存在潜在的争议。所以对于一些名词，尤其是专业名词，只要觉得是有必要的，都可以在方案开篇就先进行解释，比如什么是持股平台，什么是贡献点、贡献值，股东包含了哪些类型等。

其次，与股权分配有直接关系的目标、数据、时间和计算方法等，一定要在方案中明确，至少要让别人一看方案就能知晓基本逻辑和步骤是什么，股权是怎么分的。

最后，各项事宜的实施都有可能需要不同的机构、不同的人员去分工协作，那么在方案中就必须写清楚流程和负责机构、负责人以及操作程序。

（四）逻辑结构

以上几点是从制订计划的思维入手，结合公司实际情况和分配机制进行了有关要点提示。很多客户可能还是不太清楚如何开始进行计划的起草，为了便于实操，需要参考一个完整的动态股权分配计划的结构。以我们自身的实操经验来看，动态股权分配计划一般包含以下这些板块，仅供参考。

第七章
股权战略五：白纸黑字更有保障，让动态股权契约化

一、释义

将专业名词进行统一释义，以便方案可以被每个人理解，无须重复解释，这里的名词还包括一些特定语境下的普通名词，比如在本方案中所指的销售额是指什么等。这是为了避免在方案实施过程中，由于大家对同一常见名词的理解不同，最终导致方案实施效果存在差异。

二、公司概况

明确公司现有情况，包括公司名称、注册情况、股东情况等。

三、持股平台

明确用于合伙人间接持有公司股权的持股平台的各项信息，需要明确持股平台现有合伙人、持有财产份额比例、持有财产份额份数以及合伙人种类。

当然，这里的前提是采用设立有限合伙企业作为持股平台的方式做动态股权分配计划，这也是我们推荐的一种方法，所以此处的方案框架都是围绕着这种情形来列举的。

四、股权管理

1. 明确本计划的日常管理人，也就是负责追踪和记录的人。如果制订时无法明确，可以以公司实际控制人为日常管理人，并规定可以由其授权的人接手负责。

2. 明确异议期的相关事项，包括针对哪些内容可以提出异议、如何提出异议、异议如何决策等，这里主要是为了保证程序

的合法化。

五、预分配股权

明确预分配股权的来源及数量、分配条件及对应财产份额数量。这里的财产份额之于有限合伙企业，就犹如股权之于公司。

六、合伙人股权的计算

明确贡献点、贡献值及股权计算、贡献值结算的相关内容。

七、合伙人的确定

明确合伙人确定的法律依据、合伙人选择范围和条件。

八、贡献值及财产份额的回购和转让

明确退出机制和回购机制，包括有责退出和无责退出。同时要注意贡献值与财产份额的回购存在差异性。

九、利润分配

明确是否分红，分红的程序是什么。

十、本计划的变更及终止

明确计划的变更及终止条件，以及由什么机构或个人来进行计划的变更及终止。

十一、增资后的股权处理

明确增资后如何进行股权处理。

十二、保密规则

明确针对本次动态股权分配计划，所有参与人应当特别遵守的保密规则。

其中更具体的内容，可以参考本书其他章节，根据公司实际

第七章
股权战略五：白纸黑字更有保障，让动态股权契约化

情况进行调整和补充，最终形成适合公司的动态股权分配计划。

二、配套文件

除了方案本身，我们需要一系列的配套文件去落实方案中的一些内容，可以参考以下表格，结合公司实际情况进行选择。

序号	文件名	备注
1	《有限合伙协议》	作为持股平台的有限合伙企业的《有限合伙协议》，需要将动态股权分配机制的相关条款加入协议之中，以便在有限合伙企业中明确动态股权分配机制，更好地实现动态股权契约化。 需要注意以下几点： 1. 为了高效执行动态股权分配计划，在合伙事务的执行一章中，需将合伙企业事务的执行权集中到个人身上，一般来说，由唯一普通合伙人来承担，这里的普通合伙人可能是公司实际控制人或者实际控制人指派的人。其他合伙人仅有监督权。 2. 增设条款：有限合伙人在符合《动态股权激励计划》关于财产份额变动相关规定的前提下，有权向普通合伙人提出处置相应财产份额的申请。 3. 增设条款：除因实施《动态股权激励计划》需要转让合伙企业财产份额外，合伙人的合伙企业财产份额不得对合伙人以外的第三人转让，除非该转让已经得到普通合伙人批准。 4. 退出机制和合伙企业财产份额的收回需与《动态股权分配计划》中的退出机制和回购条款相匹配。 5. 需在最后确定《动态股权分配计划》的地位，即当合伙协议与分配计划不一致时，以分配计划为准。

（续）

序号	文件名	备注
2	《股东会决议》	需要通过股东会决议来确立《动态股权分配计划》在公司中的效力。 需要注意的是，如果有其他需要过会的与动态股权分配制度相关的内容，也可以一并写入股东会决议，同时履行股东会决议的程序，如增加新股东、增资等章程中规定的需要通过股东会决议的内容。
3	《参与动态股权分配计划协议》	此协议是参与动态股权分配计划的合伙人与公司之间签署的，主要是为了明确双方权责，并起到增加仪式感、契约感的作用。 其内容需要和《动态股权分配计划》相匹配，并写明依据文件，以及各依据文件的效力排位，若不能明确，可写明以股东会最终决议为准。
4	《风险提示确认函》	为应对可能产生的变动，需要单独把风险梳理出来，形成书面确认函，与合伙人进行签订。
5	《合伙人承诺书》	因为涉及股权的持有，合伙人的一些行为也将影响公司的发展，公司需梳理出这部分内容，并制定相应的应对措施，以合伙人承诺书的形式与合伙人签订。
6	《保密和竞业限制协议》	为保证公司的商业秘密不被泄露，以及一些公司有竞业限制的需求，可以与合伙人签订保密和竞业限制协议，需要注意的是： 1. 保密条款要尽可能穷尽公司需要保密的内容，另外，保密条款不能约定惩罚性违约金，只能在受到实际损害时请求赔偿损失。 2. 竞业限制条款的生效需要以支付补偿金为前提，如果公司实际控制人不愿意支付补偿金，那么可以仅制作保密协议，而不添加竞业限制的内容。但是在实操中，也可以先约定竞业限制条款以及竞业限制补偿金，等到合伙人实际离职后，如选择支付补偿金，则竞业限制条款

第七章
股权战略五：白纸黑字更有保障，让动态股权契约化

（续）

序号	文件名	备注
6	《保密和竞业限制协议》	生效，如果不支付补偿金，则竞业限制条款不生效即可。 3. 保密和竞业限制协议的依据一定要明确清楚，是依据劳动关系，还是基于《参与动态股权分配计划协议书》，这两种情况带来的差异主要体现在违约责任的设置之中。
7	《婚内财产协议书》	对于已婚的合伙人，我们需要给他们夫妻双方拟定一份婚内财产协议书，明确合伙人因参加公司的动态股权分配计划，而持有的这部分财产份额或股权以及对应的权利都归属于该合伙人，并对夫妻双方产生的共同债务、离婚纠纷、债务诉讼等事项中不能分割该部分财产份额或股权这一点进行约定。 签署的这些内容都是为了公司的动态股权分配机制能够顺利实施，但是要想让合伙人的另一半能够同意签署这份看起来有点冷漠的协议书，还需要合伙人多做工作。
8	《公司章程修正案》	动态股权分配机制本身具有特殊性，动态变化如果总是得不到及时的实施，那么这个计划的实施将总是滞后的。因此如果要在公司股东的层级上采用动态股权机制，那么就需要在章程中将相关的内容进行融入，具体的调整方式可以参考《有限合伙协议》中的相关内容，核心就是要集中决策权，简化决策流程和明确动态股权机制的地位，只不过合伙协议中针对的是持股平台内部，而章程修正案是针对公司层面的。 那么为什么此处的文件名是章程修正案而非章程，其实是因为在实际操作中，工商部门往往不允许在章程中加入过多其他内容，能够实际进行备案的往往是各地工商局提供的章程范本。因此，关于动态股权分配机制这部分的内容，一般就体现在公司章程修正案中了。 需要注意的是，如果公司仅在持股平台进行动态股权分配机制的实际操作，那么这部分内容在《有限合伙协议》中进行明确即可，不需要再单独对章程进行补充。

（续）

序号	文件名	备注
9	《合伙企业财产份额转让协议》	动态股权分配机制一定会涉及股权或财产份额的转让，因为预分配股权最初都是由指定的主体先行持有的，当到达了分配的时点，就需要进行财产份额的转让。因此在配套文件中，提前制作财产份额转让协议是必不可少的。 需要注意的主要是以下几点： 1. 明确转让方，欲分配股权一般会提前转入作为持股平台的合伙企业，这个时候我们需要注意，实际可供分配的这部分股权是由普通合伙人持有，还是由指定的有限合伙人持有，或者是共同持有。 2. 需要以《有限合伙协议》作为依据文件而非《动态股权分配计划》。

如果公司实际情况更加复杂，则上述配套文件不一定可以穷尽公司所需，因此，仍然需要公司管理者根据实际需求对配套文件进行合理的增减。

第二节
简单好操作，一个表格记录你的贡献

我们都知道，贡献点、贡献值就是动态股权分配机制最核心的内容，我们的很多工作都围绕着如何去为不同的合伙人打

第七章
股权战略五：白纸黑字更有保障，让动态股权契约化

造合适的贡献点、贡献值。

但就算贡献点、贡献值设定得很好，就一定可以起到很好的激励效果吗？其实不然。

之前有个客户自己尝试过在公司实施动态股权分配机制，虽然整体结构不完整，但贡献点、贡献值的设置做得还是不错的，结合每个合伙人的特点分别制定了有针对性的贡献点、贡献值。

但他的问题是，每个合伙人的贡献值统计都是分散的，比如，有一个合伙人的一个贡献点是导流客户，于是要到业务部门去找相关的流量记录；有一个合伙人的一个贡献点是节约成本，然后又需要到财务部门去找相关的凭证。

由于各个部门的沟通成本较高，很多时候对应的贡献值没有被及时、准确地记录下来，或者其他部门和个人的记录存在出入，却不知以什么为准，大家吵得不可开交。最终他们的动态股权分配机制因为部门协调问题被迫暂停。

如何使贡献点、贡献值可以被持续地跟踪和记录呢？

其实也没那么难，我们其实就需要一个表格，没错，就一个。

××科技有限公司
动态股权计划贡献值记录表

里程碑描述：
时间：
目标：

序号	贡献点	贡献点描述	激励对象/岗位	贡献值计算标准（单位：点）	计提时点	合伙人离职时，贡献值回购价格	备注	发生日期	计提日期	原始凭证	详情	贡献值

以我们做过的一个项目为例（出于保密目的，图中的客户信息已隐去），动态股权计划贡献值记录表包含以下内容：序号、贡献点、贡献点描述、激励对象、贡献值计算标准、记提时点、合伙人离职时贡献值回购价格、备注、发生日期、计提日期、原始凭证、详情、贡献值等，各合伙人的具体情况在后面单独成列。

从这张表格中可以看到公司实施动态股权分配机制的过程，完整地记录了机制的运行轨迹和最终结果。

我们需要注意的是：

（一）贡献点

我们说贡献值记录表是公司实施动态股权分配的电影胶片，完整地记录了从开始探讨到最后计算比例的过程。事实上，在最初的访谈阶段，我们就可以开始使用表格了，也就是把暂定的贡献点先记录到表格中，后期跟随方案的逐渐成形而进行相应的调整。注意，要对贡献点进行一定的分类，否则可能会造成贡献点太多不便于迅速查找的情况。

（二）激励对象、贡献值计算标准

有客户问过这样一个问题：我有两个合伙人，一个做技术的，一个做市场。公司主要靠做市场的合伙人来导流客户，但是有时候技术合伙人也可以介绍一些客户，那他们的贡献值计算标准是否应该一样呢？

第七章
股权战略五：白纸黑字更有保障，让动态股权契约化

其实这并不一定，在考虑针对不同的合伙人在同一个贡献点是否设置同样的贡献值时，需要结合实际来看。即使多个合伙人的贡献点相同，但因为每个人自身工作职能不同、贡献点的履行难易程度不同，所以需要为合伙人制定不同的贡献值计算标准。

另外，即使是同一个合伙人的单个贡献点，也要根据目标达成范围的不同（比如容易达到的范围、正常范围、需要非常努力才能达到的范围）设置不同的贡献值计算标准。

举个例子，关于控制成本这一贡献点，对于技术部门来说，可能预算都是硬性支出，或者是系统维护费，或者是技术人员工资，压缩的空间不大；但对于行政管理部门来说，削减某些不必要的额外支出，即可以控制成本。

以下图为例，文创型公司需要定期邀请行业巨擘参与学术会议，根据邀请的次数和质量，可以分为三个层次：邀请3次，计为500点；邀请4~6次，计为1000点；如果邀请的是行业顶尖专家，则邀请1次即可以计为800点。这样的好处就是可以激励合伙人更努力地去朝更高的目标冲刺。

试想，如果目标明确且量化后，只要努力邀请到对应的人来参与活动，就可以得到对应的贡献值，那这个合伙人会不努力去完成吗？

贡献点	合伙人姓名	贡献值
学术会议/活动：推荐并邀请行业专家参加学术会议/活动	××	3次：500点
		4~6次（含）：1000点
		7~10次（含）：1500点
	××	1次（行业顶尖专家）：800点（可累计计算，上不封顶）

曾有很多客户喜欢问我们，贡献值计算标准该如何确定？我们建议，首先依据贡献点的重要程度，以及不同的合伙人对不同的贡献点所起到的作用和难易程度，按比例去设置每个合伙人的贡献值计算标准，这个过程需要合伙人积极沟通，协商一致，才能磨合确定。

听上去好像有点悬乎，为了让贡献值计量标准更合理，如果没有特殊情况，我们都建议以"可变现"作为计量标准。"可变现"是指合伙人完成这个贡献点，可以给公司带来多少的营业额/利润收入。

商业说到底就是追求"盈利"，合伙人没有"可变现"的贡献，那我们就不建议列为分配股权的贡献点，毕竟要分蛋糕的前提，是能做大蛋糕。

至于到底怎么设置数值，是500还是1000，这其实并不是重点，因为在动态股权分配机制中，每个合伙人最终可分配的股权，是按照自己创造的贡献值占所有贡献值的比例，对应预分配股权比例计算出来的。在这个模式下，设置500点还是1000点，并无绝对要求，只要各个合伙人的贡献值标准是一个量级的，就能达到效果。

设置完贡献值标准后，建议最后进行一次整体的测算，以每个合伙人最终都能完成所有目标来计算每个人可以分得的股权，根据测算结果来看是否存在太大偏差。如果偏差在合理范围，即为合格；如果偏差太大，比如两个同级别的合伙人，CMO 拿到 10%，而 CTO 只能拿到 5%，则就需要各个合伙人协商一下在该阶段如何设置，使每个人的贡献评比合理，如果不合理，建议尽快协商调整。当然，这里有个前提是，按照目前的情况来看 CMO 与 CTO 对公司的贡献是相当的，但是股权比例却相差很大，这样的差距就是不合理的。如果两人对公司的贡献本来就有一定差距，那么预测的股权比例有差距也属于正常现象。

（三）计提时点、回购价格

这两项内容需要和《动态股权分配计划》进行匹配。

（四）备注

生活中我们会见到很多表格，备注栏一般都是空着的，或者写些可有可无的内容。但是贡献值记录表里的备注就不一样了，它反而是非常重要的内容，往往会对比较粗略的贡献点进行详细的解释。

对于设置的贡献点，要在备注中明确列出前提条件（如果有并集或交集前提的，还需要详细解释）、解释标准、规定范围，只有这样，才能明确合伙人是否能够取得相应的贡献值。

备注
提示： ①导流客户的标准：以成单为标准，并且每个客户至少在公司实际消费5000元。 ②已成单客户对于新客户的导流：若因××导流形成的签单客户能够继续导流其他新的客户，且该被导流的客户达到①中的标准，则（新增客户所推介客户数量/2）取值后计入本项贡献点。

举个例子，我们给几位合伙人确定了一个贡献点：客户导流。按照每导流一个客户计500点的标准计算，那么就可能出现这种情况，一个合伙人导流来十个客户，但人均消费1000元；而另一个合伙人导流过来一个客户，却消费了20000元，如果不进行区分，那么对后一个合伙人可能就不太公平了。这就要看公司的目标了，小客户和大客户孰轻孰重？或者制定一个最低标准，例如，每个客户需要实际消费5000元，才算达到可以计入贡献点的客户标准。

（五）发生日期、计提日期、原始凭证、详情、贡献值

这部分内容用于追踪记录，记录人需要按照公司确定的动态股权分配计划及时对以上内容进行记录，此人需要有协调各部门的权限。

除了统一的总表，我们需要建立多个副表，用于对每个合伙人进行单独记录，这样除了在总表中查看总体情况，也可以很方便地追踪到各个合伙人的个人轨迹。

第七章
股权战略五：白纸黑字更有保障，让动态股权契约化

XX公司-动态股权考核评分表

贡献点：主观评分——下级对上级的评分机制（10%）

考评项目		考评内容	总分	评分	优秀	良好	合格	不合格
团队建设	管理作风	能虚心听取、采纳下属的合理建议						
	人才培养	能够着重培养人才，培养潜力员工						
	以身作则	严于律己，身体力行，为下属做表率						
	凝聚力	加强团队内凝聚力，氛围轻松友好和谐						
	岗位配置	分工明确合理，安排工作具有饱和度，没有人浮于事、忙闲不均的现象						
		总分						

| 贡献点 | A总 | B总 | 下级考核 | 同级考核 | 上级考核 |

如果贡献点中有关于主观考核的内容，那么需要把考核标准也加入副表中，建立"个人评分表"，使得这张表足够完整，可以仅用此表格完成所有记录和追踪工作。

总之，动态股权分配机制要想契约化，管理者需要学习的内容非常多，并且涉及很多较为专业的内容，比如法律术语表达、风险设置机制等。因此，如果公司希望节约人力、时间成本，提高效率，设计更好的制度来推进动态股权分配机制在公司顺利实施，那么聘请专业的律师来进行一系列制度设计和文件的书写，无疑是更好的选择。

08

第八章

股权战略六:你不会失去控制权——设计好控制权,让动态股权"动而不乱"

动态股权

第八章

股权战略六：你不会失去控制权——设计好控制权，让动态股权"动而不乱"

股权是一个公司的核心，股权搞不好，执行层和领导层心里都不踏实，公司自然就无法迅速发展，抢占市场。但是在推行动态股权，确立了公平、科学的分配机制后，从创始人的角度来看，是否会存在手中的控制权不稳定甚至失去控制权的可能呢？

正常看来，股权分配和控制权稳定就像一个硬币的两面，抛掷硬币，好像是非此即彼的，要么股权分得公平，却没有实际控制人；要么有了实际控制人，对其他合伙人来说却总觉得不公平，影响士气。

然而，大家却忽视了一点：股权分配说到底是对利益的分配，也是对利益的保障。要想找到股权分配和控制权稳定这两者的均衡点，说难也难，说不难也不难。诸多公司的实际控制人，比如京东的刘强东、阿里巴巴的马云、汽车之家的李想等，就以他们的经历为我们提供了可以借鉴的经验。参考这些经验，我们就可以在动态股权机制的实际推行中，解决控制权的后顾之忧了。

在股权分配的新体制——动态股权下，股权分配和控制权稳定从不是非此即彼的关系，只要机制设计合理，就像找到抛掷硬币时的方法，除了出现正反面，还会发生硬币立起的可能，而动态股权想做的，就是让硬币立起这种状态变成常态。

动态股权
中国合伙人分钱分权的新技术

第一节
动态股权不会让你失去控制权

创业维艰,每个公司都是创始人的心血,而股权是创始人掌握公司最直接的证明。

有人问:"这个动态股权,从分配的角度来看,确实公平,大家都心服口服,明明白白地分股权,降低了我们几个合伙人吵架、内耗的概率,大家可以更好地为了共同的目标而奋斗。但这毕竟是动态的,不到分配的时候,谁都不知道自己究竟能分多少,更重要的是,我作为公司实际控制人,心里没底,总觉得自己的控制权没有保障,到时候万一其他合伙人分的股权比我多,或者他们联合起来的股权比例超过绝对控股的界线,那就麻烦了。还有,目前做动态股权没有考虑未来投资人,那以后融资的时候又怎么解决呢?"

这些的确都是企业家非常关心的,同时也是直接关系到公司控制权稳定的问题,在具体聊这些问题的解决方法前,我们可以通过一个经典故事,来看看控制权之争如何打响第一枪。

第八章

股权战略六：你不会失去控制权——设计好控制权，让动态股权"动而不乱"

一、商业大片：万科控制权大战

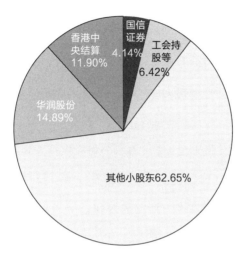

"万宝之争"前夕万科股权结构示意图

俗话说，"打天下容易，守天下难"，"万宝之争"就像一部年度商业系列大片，从前景到主线，主角到配角，纷纷粉墨登场，高潮迭起。这场旷日持久、被称为"中国A股市场上历史规模最大的一场公司并购与反并购攻防战"虽然最终结局的出现距今已一年有余，但攻防战中的各位主角：王石、宝能系、华润系、深铁、恒大等，为大众奉献了一场堪比《华尔街之狼》的商战大片，也向各位企业家充分警示了股权控制不当会导致失去控制权的风险。

这场攻防之战实在是精彩,让我们跟着剧情快进一次,从久久未散的硝烟里去琢磨这些令人拍案叫绝的攻防招数。

(一)战争前夜的宁静

众所周知,万科是一家老牌房地产上市公司,主营业务包括房地产开发和物业服务。王石,万科的创始人之一,股改后放弃公司股权,专职做职业经理人,虽然作为万科的自然人股东,王石持股比例不足1%(万科公司股权较为分散,也为后面的控制权战争埋下了隐患),但是王石任董事长时,其背后的团队掌握着万科战略发展方向的决策权。华润集团,超大型国资企业,自2000年开始,华润就一直是万科的第一大股东,持股比例一度高达16%,在战争打响前,万科和华润,或者说王石与华润,一直相处和谐,华润更像是万科的财务投资者,对王石团队的控制权并没有表现出争夺的意愿,换句话说,在宝能出现之前,万科就是挣钱的,华润就是分钱的,双方一直秉持着这样的默契持续合作了十几年。

(二)攻防战上半场:资本博弈

随着资本力量的碰撞,2015年,这种默契和平衡被横空出世的宝能一举打破。

宝能系,即以宝能集团为中心的资本集团,后面参与战争的前海人寿、钜盛华公司,都是宝能系的核心资产之一。

第八章
股权战略六：你不会失去控制权——设计好控制权，让动态股权"动而不乱"

在 2015 年下半年期间，宝能系利用雄厚的资金，先后收购万科其他小股东和二级市场流通的股权，打响了这场攻防战的第一枪，而华润为争夺万科第一大股东身份，被迫卷入这场战争，双方开始各种砸钱对垒。

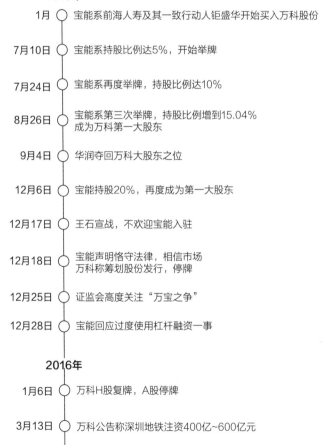

2015年
- 1月　宝能系前海人寿及其一致行动人钜盛华开始买入万科股份
- 7月10日　宝能系持股比例达5%，开始举牌
- 7月24日　宝能系再度举牌，持股比例达10%
- 8月26日　宝能系第三次举牌，持股比例增加到15.04% 成为万科第一大股东
- 9月4日　华润夺回万科大股东之位
- 12月6日　宝能持股20%，再度成为第一大股东
- 12月17日　王石宣战，不欢迎宝能入驻
- 12月18日　宝能声明恪守法律，相信市场 万科称筹划股份发行，停牌
- 12月25日　证监会高度关注"万宝之争"
- 12月28日　宝能回应过度使用杠杆融资一事

2016年
- 1月6日　万科H股复牌，A股停牌
- 3月13日　万科公告称深圳地铁注资400亿~600亿元

动态股权
中国合伙人分钱分权的新技术

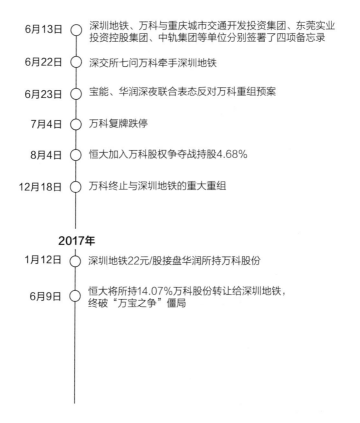

（1）2015 年 7 月 10 日，宝能系首次举牌○万科：前海人寿通过二级市场耗资 80 亿元买入万科 A 股约 5.52 亿股，约占万科 A 股总股本的 5%。

○ 为保护中小投资者利益，防止机构大户操纵股价，《中华人民共和国证券法》规定，投资者持有一个上市公司已发行股份的 5% 时，应在该事实发生之日起 3 日内，向国务院证券监督管理机构、证券交易所作出书面报告，通知该上市公司并予以公告，并且履行有关法律规定的义务。业内称之为"举牌"。

第八章
股权战略六：你不会失去控制权——设计好控制权，让动态股权"动而不乱"

（2）2015年7月24日，宝能二次举牌万科：前海人寿及其一致行动人钜盛华对万科二度举牌，持有万科股份11.05亿股，占万科总股本的10%。值得注意的是，在完成本次增持后，宝能系持有的万科股票数量距离万科第一大股东华润已经非常接近。

（3）2015年8月26日，宝能成为万科第一大股东：前海人寿、钜盛华再次增持万科5.04%的股份，加上此前的两次举牌，宝能系合计持有万科15.04%的股份，以0.15%的优势，首次超过了20年来始终位居万科第一大股东的华润。

（4）2015年9月4日，据港交所披露，华润夺回万科的大股东之位：华润耗资4.97亿元，分别于8月31日和9月1日两次增持，重新夺回万科的大股东之位。截至11月20日，华润共持有万科A股15.29%的股份。

（5）2015年12月17日，宝能系继续增持，再度反超华润，成为万科第一大股东：隶属宝能系的钜盛华及其一致行动人前海人寿持续增持万科，又投入了近100亿元，累计抢得万科A股约20%的股份。随后，宝能系与万科管理层的对峙进入了高潮阶段，宝能系累计持有万科A股23.52%，成功拿下万科第一大股东地之位。根据规定，30%是上市公司股东要约收购红线，增持达到30%，即可以发起要约收购，也可以按照每年不超过2%的比例继续自由增持。若宝能系继续增持，万科则面临被收购的巨大危机。

这场控制权攻防战争的上半场——宝能与华润的砸钱之战，

宝能以耗资百亿元的代价，截至当年 12 月 24 日，持有万科 24.26% 股权胜出。

（三）攻防战下半场：法律博弈

在这场声势浩大的砸钱之战中，华润的落败让万科董事长王石坐不住了，2015 年 12 月 17 日，在万科的内部会议上，王石宣称"不欢迎宝能成为万科的第一大股东"，这样的公开叫板，毫无疑问是正式向宝能下了战书，随后两天，王石团队成员，包括当时的万科总裁郁亮也发声表明自己的立场，坚决与王石站在同一战线上。

对手已发出宣言，宝能当然不能示弱，随后以声明回应王石的发言，表明集团恪守法律，相信市场力量。

由此，王石与宝能的博弈终于展开。

为了挽回颓势，王石先后联系了安邦集团、深圳地铁集团，意欲通过第三方增持万科股权，阻止宝能系的渗入，并通过对万科 A 股、H 股的停牌、重组，为此争取时间。

在这里，不得不说一句，当时虽有很多社会声音支持王石，评价其为"有情怀的实业家"，并批评宝能是"野蛮的资本人"，但是这些对王石来说没有任何实际意义。在王石四处寻求其他资本力量支持的过程中，想必十分后悔当初没有给自己留一点股权，以至于如今被逼得狼狈至此，随时可能面临出局。

随后，王石经过多方筹划，与深圳地铁集团成功达成合作意向，通过定向增发的方式，用股份支付其价值 400 亿～600 亿

第八章
股权战略六：你不会失去控制权——设计好控制权，让动态股权"动而不乱"

元的优质地块，使其入股万科，从而成为第一大股东。

然而，王石忽视了深圳地铁集团入股，不仅会稀释宝能持有的股份，同时也会稀释华润所持有的股份，而他已经退居管理层，手上没有说得上话的股权，也没有其他具有实质影响力的资本，当他的行为影响到华润等其他股东的利益之时，对方绝对不会再如从前一般，与他紧密合作、立场一致。

因此，这个引入深圳地铁集团的决议，使宝能和华润两大股东联合发表声明反对，两方持有股权合计达 39.5%，意味着这场并购重组计划得不到 2/3 以上股东的支持，而被迫"流产"。

这半场筹划，王石惨败。

这个惨痛的教训告诉我们几个道理：

第一，公司管理层应当遵守职业经理人的操守，谨守管理企业资产的权力界限，但是也不要忽视股权的实质影响力。对于创始团队来说，公司发展固然重要，但是想参与制定游戏规则的前提，一定是自己对公司握有实际控制权，不然只能做一个职业经理人，眼睁睁看着各种资本力量进入，随时可能被踢出游戏。因为忽视股权的重要性，致使王石在"万宝之战"中如此被动，也为日后的被迫出局埋下了隐患。

第二，"没有永远的敌人，只有永远的利益"，确实是真理。王石在和深圳地铁集团谈判的时候，本以为华润会支持他，却忽视了在商场上，利益才是永远的朋友。宝能和华润，这对砸钱之战的老对手，戏剧性地联合起来反对重组计划，通过二者总计握有万科 39.5% 的总股本，成功联手阻止了这场重组计划。

在这里，要介绍控制权中重要的招数之一：一票否决权。

根据《中华人民共和国公司法》的规定，重大事项需要通过持有 2/3 以上表决权股东的同意，也就是说，只要某一方或某几方股东持有股权超过 1/3，那就意味着只要他（们）不同意，那重大事项永远通过不了。

（四）攻防战红线：王石走在出局边缘

2016 年 6 月 26 日，攻防战重要参与角色、宝能系的钜盛华和前海人寿联合向万科董事会提出召开临时股东大会，提案罢免全体董事，即罢免包括王石在内的所有董事成员。

要知道，11 位董事成员中，不仅有王石的团队，还有 4 位华润的董事，华润怎么可能同意宝能的罢免提案呢。所以在 2016 年 6 月 30 日，华润发布声明对该提案提出异议，同时表明会从有利于公司发展的角度，考虑未来公司董事会、监事会的改组。

这对王石团队可就不妙了。这意味着，华润这位战略伙伴虽然不同意罢免所有董事，但是也留了话口，会支持董事会成员的改组，那对于王石来说，出局似乎已经注定。

（五）攻防战白热化：证监会介入调查

或许是这场逐鹿之战太过精彩，诸多资本方都摩拳擦掌，企图分得一块蛋糕。

第八章
股权战略六：你不会失去控制权——设计好控制权，让动态股权"动而不乱"

迫于无奈，万科启动 B 计划，宣布将与黑石基金及其他独立第三方，一道收购一家商业地产公司 96.55% 的股权，同时宣布重大资产重组新公告。

为了对付宝能系，2016 年 7 月 19 日，万科发布了一份《关于提请查处钜盛华及其控制的相关资管计划违法违规行为的报告》，向中国证监会、证券投资基金业协会、深交所等机构申请查处宝能系的违规行为。在这份报告中，万科把宝能系的持股量、持股成本，乃至于 9 个资管计划的金额细节等底牌全部揭开，企图用媒体和社会的力量，找到宝能系致命的弱点。

可惜，这份报告因万科披露程序的瑕疵，最终并未对宝能系的渗入造成有效阻碍。

这场旷日持久、多次 A 股停牌复牌的控制权之战，给万科的正常经营带来了众多负面影响，公司数十个合作项目因股权问题而被要求变更条款、暂缓推进或考虑终止合作，多家境外基金和银行暂缓了项目合作与贷款，团队稳定性也受到了冲击，股价一跌再跌，广大中小股东怨声载道，沸反盈天。

（六）攻防战诸神黄昏：恒大、深圳地铁集团强势破局

为了解决这场已持续一年的股权战争，恒大连续三次增持万科股权至 14.07%，并将表决权让渡给深圳地铁集团。而久处战局的华润也表明了其态度，意料之外也在情理之中，2017 年 1 月，华润所持万科股份，由深圳地铁集团用现金全部购买，以平息这场控制权之争。之后，根据相关安排，恒大也将持有万

科的股票全部转让给深圳地铁集团,自此,深圳地铁集团成为万科的第一大股东,全面实施其新阶段的战略转型。

战争的尾声,在深圳地铁集团公布新一届董事会提名之后,王石宣布将接力棒交给郁亮。至此,历时近两年的"万科股权之争"终于尘埃落定,落下帷幕。

二、敲响控制权的警钟

王石的出局给许多企业家敲响了警钟。为何会出现"万宝之争"的局面?核心原因是万科没有设置好股权架构和投票权。

回顾这场攻防战始末,不难发现,决胜点并不在这近两年的争夺,造成今天这一切后果的种子,其实在万科成立之初就已埋下。当初创立公司、发展公司的过程中,创始团队没有设置好股权架构和投票权。万科本是国有企业,在其后国企改制、股权变更以及上市过程中,均未能有效解决企业所有者缺位问题。在过往的上市公司股权争夺中,没有控股权加持的管理者都显得十分被动,诸如王石团队这样的公司管理层,与资本方相比,总是处于弱势。斗到最后,要么扫地出户,要么两败俱伤,要么砸钱收场,和资本站在对立面的管理者似乎总是很苦命。

鼎晖创业投资基金创始人王功权曾这样评价"万宝之争",他说,"王石一直犯的是所有制方向上的错误,如果能对私有经济权益多一些信心和尊重,对国有经济力量少一些敬畏和攀附,

第八章
股权战略六:你不会失去控制权——设计好控制权,让动态股权"动而不乱"

万科也许是另一番命运。即使王石按规则博弈最终被撤职,他到处讲经验教训也会讲得风生水起。"

可以想见,在王石最初放弃股权、放弃投票权的那一刻起,他与万科的联系就变得极为微弱了,随着市场经济进一步自由开放,这样的创业者注定会被资本吞噬,出局也是早晚的事。

虽然"万科之争"已经闹得一地鸡毛,但再复杂的局面也需要被厘清,华润退出,深圳地铁集团接盘,王石退位,万科之争最终落下帷幕。随着王石的离开,万科要进入后王石时代了,以后的万科八成是不会再碰到类似"股权之争"的危机了,毕竟,经此一役,万科的管理层会把这个问题彻彻底底地给解决掉,然后继续发展。

三、动态股权真的不会让你失去控制权吗?

动态股权的核心之一,就是要确认团队领导者。

领导者的作用不仅是带领团队在商业市场上无往不利,更重要的是领导者要在团队有分歧时可以果敢决策,做出一次次重要的决定,而这些决定的基石就是控制权。

实施动态股权分配机制,虽然在分配方式上采取动态机制,但并不意味着在控制权方面也是动态调整的。为了防止失去控制权,在实施动态股权分配机制的同时,可以在公司章程中做特殊条款设计,诸如 AB 股、董事提名权、高管提名权等条款;或者像钜盛华和前海人寿那样,签署一致行动人协议;又或者像恒大和深圳地铁集团那样，签署委托投票权协议；甚至可以通过我们之前提到的持股平台机制，利用普通合伙人天然的无限权利，来代表其他有限合伙人的表决权。

通过量身定做的控制权机制，不仅可以防止内乱，还可以抵御外敌。

第二节
做好这几步，老大始终是老大

公司就是一个战场，战场意味着合纵连横，意味着无限的竞争和合作。管理公司的本质就是对资源的管理，而对公司控制权的把握，建议从三个方面入手：股权控制、董事会控制、日常经营的控制。

一、股权控制

在重点分析前，基于《中华人民共和国公司法》的规定，先介绍几条重要的股权生命线。

（1）"2/3"绝对控制：持有 2/3 以上的股权，意味着持股人在企业管理中所向披靡，对于公司已经可以实现绝对的控制，

第八章
股权战略六：你不会失去控制权——设计好控制权，让动态股权"动而不乱"

就算是重大事项，他也有自主决定的权利。

（2）"1/3"一票否决：与绝对控制相对应的，就是一票否决权。如果某一（几）方持有的股权超过1/3，那就意味着其他股东合计持股小于2/3，即针对公司的重大事项，即使是相对的"大股东"，也要看这些持股超过1/3的"小股东"的脸色行事，如果他（们）要否决某个重大事项提案，那么该议案就肯定无法通过。上述案例中，华润和宝能就是联合动用了一票否决权，致使万科与深圳地铁集团的重组并购被迫"流产"。

（3）"1/2"相对控股：这就是大家常说的过半数通过。公司一般事项只要过半数股东通过就可以了，只要持有超过1/2的股权，就可以对公司的一般事项进行最终决定，由于无法对重大事项行使表决权，所以我们说这是一种对公司的相对控制。

（4）"10%"小股东生命权：上述都是大股东的事，那么是不是小股东就没什么作用可以发挥了？其实《中华人民共和国公司法》也赋予了持有10%以上股权的股东召集和主持股东会议的权利，以及进行公司之诉和申请公司破产的权利，所以说10%是小股东的生命权。

其他诸如5%的上市公司股东举牌线、3%股份公司临时提案权线等，多是针对股份有限公司的，因动态股权主要适用于有限责任公司，此处暂时不展开细讲。

动态股权
中国合伙人分钱分权的新技术

> **法条小贴士**
>
> **《中华人民共和国公司法》**
>
> 第十六条 公司向其他企业投资或者为他人提供担保,依照公司章程的规定,由董事会或者股东会、股东大会决议;公司章程对投资或者担保的总额及单项投资或者担保的数额有限额规定的,不得超过规定的限额。
>
> 公司为公司股东或者实际控制人提供担保的,必须经股东会或者股东大会决议。
>
> 前款规定的股东或者受前款规定的实际控制人支配的股东,不得参加前款规定事项的表决。该项表决由出席会议的其他股东所持**表决权的过半数**通过。
>
> 第三十九条 股东会会议分为定期会议和临时会议。
>
> 定期会议应当依照公司章程的规定按时召开。代表**十分之一以上表决权**的股东,三分之一以上的董事,监事会或者不设监事会的公司的监事提议召开临时会议的,应当召开临时会议。
>
> 第四十条 有限责任公司设立董事会的,股东会会议由董事会召集,董事长主持;董事长不能履行职务或者不履行职务的,由副董事长主持;副董事长不能履行职务或者不履行职务的,由半数以上董事共同推举一名董事主持。
>
> 有限责任公司不设董事会的,股东会会议由执行董事召集和主持。
>
> 董事会或者执行董事不能履行或者不履行召集股东会会议职责的,由监事会或者不设监事会的公司的监事召集和主持;监事会或者监事不召集和主持的,代表**十分之一以上表决权**的股东可以自行召集和主持。
>
> 第四十三条 股东会的议事方式和表决程序,除本法有规定的外,由公司章程规定。
>
> 股东会会议作出修改公司章程、增加或者减少注册资本的决议,以及公司合并、分立、解散或者变更公司形式的决议,必须经代表**三分之二以上表决权**的股东通过。
>
> 第七十一条 有限责任公司的股东之间可以相互转让其全部或

第八章

股权战略六：你不会失去控制权——设计好控制权，让动态股权"动而不乱"

者部分股权。

股东向股东以外的人转让股权，应当经其他**股东过半数**同意。股东应就其股权转让事项书面通知其他股东征求同意，其他股东自接到书面通知之日起满三十日未答复的，视为同意转让。其他股东半数以上不同意转让的，不同意的股东应当购买该转让的股权；不购买的，视为同意转让。

经股东同意转让的股权，在同等条件下，其他股东有优先购买权。两个以上股东主张行使优先购买权的，协商确定各自的购买比例；协商不成的，按照转让时各自的出资比例行使优先购买权。

公司章程对股权转让另有规定的，从其规定。

第九十条　发起人应当在创立大会召开十五日前将会议日期通知各认股人或者予以公告。创立大会应有代表股份总数**过半数**的发起人、认股人出席，方可举行。

创立大会行使下列职权：

（一）审议发起人关于公司筹办情况的报告；

（二）通过公司章程；

（三）选举董事会成员；

（四）选举监事会成员；

（五）对公司的设立费用进行审核；

（六）对发起人用于抵作股款的财产的作价进行审核；

（七）发生不可抗力或者经营条件发生重大变化直接影响公司设立的，可以作出不设立公司的决议。

创立大会对前款所列事项作出决议，必须经出席会议的认股人所持**表决权过半数**通过。

第一百零三条　股东出席股东大会会议，所持每一股份有一表决权。但是，公司持有的本公司股份没有表决权。

股东大会作出决议，必须经出席会议的股东所持**表决权过半数**通过。但是，股东大会作出修改公司章程、增加或者减少注册资本的决议，以及公司合并、分立、解散或者变更公司形式的决议，必须经出席会议的股东所持**表决权的三分之二以上**通过。

> 第一百一十条 董事会每年度至少召开两次会议，每次会议应当于会议召开十日前通知全体董事和监事。
>
> 代表**十分之一以上表决权**的股东、三分之一以上董事或者监事会，可以提议召开董事会临时会议。董事长应当自接到提议后十日内，召集和主持董事会会议。
>
> 董事会召开临时会议，可以另定召集董事会的通知方式和通知时限。
>
> 第一百二十一条 上市公司在一年内购买、出售重大资产或者担保金额超过公司资产总额百分之三十的，应当由股东大会作出决议，并经出席会议的股东所持**表决权的三分之二以上**通过。
>
> 第一百八十一条 公司有本法第一百八十条第（一）项情形的，可以通过修改公司章程而存续。
>
> 依照前款规定修改公司章程，有限责任公司须经持**三分之二以上表决权**的股东通过，股份有限公司须经出席股东大会会议的股东所持表决权的三分之二以上通过。

基于这些法律规定，可以衍生出不同的控制权设计方案。

方案一：直接掌握股权比例

参考上述股权生命线，实际控制人只要掌握对应的股权比例底线，即可达到相应的控制目的。

方案二：委托投票权和一致行动人协议

创始人与其他股东签署委托投票权协议，指的是其他股东将表决权不可撤销地委托给创始人行使，在委托期间，创始人可以不经其他委托股东同意，按照自主意志，行使表决权。

或者创始人与其他股东签署一致行动人协议。"一致行动人"即指通过协议约定，某些股东就特定事项采取一致行动，意见

第八章
股权战略六：你不会失去控制权——设计好控制权，让动态股权"动而不乱"

不一致时，某些股东跟随一致行动人投票。比如创始股东与投资人签署一致行动人协议后，在公司重大事项表决上，就可以保证投资人与创始股东决议一致。倘若王石最初与华润签署了一致行动人协议，那么对于与深圳地铁集团的并购重组计划，就不会流产了。

方案三：AB 股计划

AB 股，即同股不同权，根据《中华人民共和国公司法》的规定，股份有限公司必须同股同权，而有限责任公司可以由章程自由约定。这意味着，有限责任公司可以采取 AB 股形式，通过对公司表决权和分红权的分离，来保证实际控制人的表决权利。典型案例就是京东了，京东赴美上市时，京东管理团队对章程中的股权设计做好调整，变更为：京东的其他股东都为 1 股 = 1 份投票权，刘强东及其管理团队的 1 股 = 20 份投票权。也就是说，刘强东只需掌握较少的股权，就可实现控制绝对的表决权，确保其在股东会上有绝对的发言权。

法条小贴士

《中华人民共和国公司法》

第四十二条　股东会会议由股东按照出资比例行使表决权；但是，**公司章程另有规定的除外。**

第一百二十六条　股份的发行，实行公平、公正的原则，**同种类的每一股份应当具有同等权利。**

同次发行的同种类股票，每股的发行条件和价格应当相同；任何单位或者个人所认购的股份，每股应当支付相同价额。

方案四：有限合伙企业普通合伙人控股

根据有限合伙企业的特殊机制，存在具有企业管理权和无限连带责任的普通合伙人，以及仅享有分红权的有限合伙人。换句话说，普通合伙人天然享有控制权利，根据这个特点，可以设计成通过合伙协议约定重要事项都由普通合伙人决议，其他有限合伙人享有分红权即可，马云就是通过这个架构，以持有不超过蚂蚁金服（蚂蚁金融服务集团）8%的股权，最终实现对蚂蚁金服及其下属公司超过2/3股权的控制权。

二、董事会控制

董事会层面的控制权，通常分为控制董事提名、罢免权与控制董事委派人数两种方式。

方案一：控制董事提名、罢免权

在这方面，不得不提阿里巴巴管理团队的合伙人制度。马云通过投票协议，要求在未来的股东会中，软银和雅虎必须要赞同阿里巴巴合伙人提名的董事候选人。同时，在董事提名方面，阿里巴巴合伙人可提名多数董事会成员，当然，也有制约，就是候选人必须在一年一度的董事会会议中获得大部分票数支持，方可成为董事。

方案二：控制董事委派人数

在董事席位上，控制超过一半的董事席位也是一个不错的方式。例如，在设置有3名董事会成员的结构中，创始团队有

第八章
股权战略六：你不会失去控制权——设计好控制权，让动态股权"动而不乱"

权提名 2 名董事，投资人提名 1 名，后续每轮增资时，创始团队和投资人同比增派董事人员，保证创始团队在董事会中的席位始终多于投资人。

京东在这方面的做法值得借鉴，其通过协议与章程规定，刘强东及管理团队在董事会 9 人任命权的分配中占据 5 名董事的数量，同时董事会主席必须归属于刘强东管理团队，老虎基金、DCM 等投资方各占一名董事，以确保他们在董事会的发言权。

法条小贴士

《中华人民共和国公司法》

第四十四条　有限责任公司设董事会，其成员为三人至十三人；但是，本法第五十条另有规定的除外。

两个以上的国有企业或者两个以上的其他国有投资主体投资设立的有限责任公司，其董事会成员中应当有公司职工代表；其他有限责任公司董事会成员中可以有公司职工代表。董事会中的职工代表由公司职工通过职工代表大会、职工大会或者其他形式民主选举产生。

董事会设董事长一人，可以设副董事长。董事长、副董事长的产生办法由公司章程规定。

第四十五条　董事任期由公司章程规定，但每届任期不得超过三年。董事任期届满，连选可以连任。

董事任期届满未及时改选，或者董事在任期内辞职导致董事会成员低于法定人数的，在改选出的董事就任前，原董事仍应当依照法律、行政法规和公司章程的规定，履行董事职务。

第五十条　股东人数较少或者规模较小的有限责任公司，可以设一名执行董事，不设董事会。执行董事可以兼任公司经理。

执行董事的职权由公司章程规定。

> 第一百零八条　股份有限公司设董事会，其成员为五人至十九人。
>
> 董事会成员中可以有公司职工代表。董事会中的职工代表由公司职工通过职工代表大会、职工大会或者其他形式民主选举产生。
>
> 本法第四十五条关于有限责任公司董事任期的规定，适用于股份有限公司董事。
>
> 本法第四十六条关于有限责任公司董事会职权的规定，适用于股份有限公司董事会。

三、日常经营的控制

日常经营的控制，其实是对公司实际经营渠道、经营能力的把控。

方案一：掌握渠道，让上下游客户参与逼宫

这里必须提到雷士照明的案例，在雷士照明的内乱中，实际控制人吴长江第一次被赶出雷士后，正是通过联合渠道和经销商，借助他们对公司施加压力，才能反客为主，控制局面，重返董事会。

方案二：是金子总会发光，用经营能力藐视入侵者

同样是雷士照明的案例，吴长江第二次被赶出董事会后，由于新任董事长阎炎能力不佳、施耐德与经销商发生冲突等原因，致使当年雷士照明的利润下滑，公司迫不得已选择请回吴长江，他才得以重返雷士董事会。乔布斯也有同样的经历，他被赶出苹果公司后，资本方因运营不当，不得不打脸将他请回。

第八章
股权战略六：你不会失去控制权——设计好控制权，让动态股权"动而不乱"

方案三：历史黏合性也是控制权的重要因素

其实这是大多数企业成长过程中必然产生的自然控制权。以董明珠为例，在格力遇到危机时，是董明珠挺身而出赶走了野蛮人，也是董明珠直接成为格力的品牌形象大使为格力站台。很多不懂股权的人，很可能一直认为格力就是董明珠的，董明珠就是格力的老板。这种因历史产生的黏合性也能够为创始人带来其他机构投资方无法想象的无形控制权。

方案四：无可替代的个人 IP 让他人无机可乘

创始人不妨考虑建立个人 IP，也会无形中增加对企业的控制力。

除了以上措施，其他诸如对法定代表人、公章和公司重要资质文件等的掌握，也是控制权组成成分之一。

法定代表人，常常被企业家所忽视，认为只是个花瓶。但其实，法定代表人意味着公司这个法人的有形实体，他的签字和话语在某种程度上可以代表公司的意志；而公章比法定代表人还重要，一旦盖章，通常即被认为具有公司认可的法律效力。由此可见，拥有法定代表人地位，掌控企业公章与重要资质文件，是掌握企业控制权不可忽视的条件。

四、实操案例：行业老大不是那么好当的

我们有一个客户，是某个垂直领域数一数二的龙头企业，市场占有率达到 30% 以上，发展势头势不可挡。

对于这样一个香饽饽，自然有大量的投资人捧着钱上门。

但融资也是一件既甜蜜又头疼的事,甜蜜在于有人给公司投资,捧高公司的市场价值,可以快速为公司发展筹集资金。头疼就更好理解了,有得到总有付出,拿了别人的钱,肯定要把"蛋糕"分一块给别人,但"分蛋糕"并不是简单地划一块出去,钱货两讫,干干脆脆。因为这个蛋糕是个利益综合体,"分蛋糕"分出去的其实是"做蛋糕"的利益,是未来必须和投资人牵手一起决定公司大大小小事务的承诺。

这个客户就很头疼了,公司发展是必定需要融资的,但是现在公司的股权架构还很"粗放",规则制度等也没有认真设计过,贸然引进投资人,恐怕是"引狼入室",而不是甜蜜的伙伴。

抱着这样一个两难的问题,企业创始人找到我们。在了解他的疑问和需求后,我们立刻成立项目组,对公司进行了尽职调查和股东访谈。

经过两个月的沟通和反复修改,我们调整了公司章程,对董事提名、高管提名做了设计,保证了这个客户的人事任命权。其中对于董事席位,我们建议他掌握过半席位即可,通过约定这个客户有权与投资人同比例增派董事人员,保证他始终把控着经营权。同时对经理(即总经理)的人选也设计为董事长提名,保证公司未来发展的实际经营权不会旁落。

第六章 执行董事、经理、监事

二十八条 本公司不设董事会,只设执行董事一名。执行董事由股东会代表过半数表决权的股东同意选举产生。

二十九条 执行董事为本公司法定代表人。

修改前公司所沿用的工商注册版本公司章程

第八章

股权战略六：你不会失去控制权——设计好控制权，让动态股权"动而不乱"

6.2 公司董事会及经理

6.2.1 公司设立董事会，董事会是公司的执行机构。公司董事会由3名董事组成，其中董事成员由股东会选举（由 XX 提名2人，由 XX 提名1人，经股东会决议通过）；董事任期三年，任期届满，连选可以连任。

公司进行融资时，若投资人股东要求委派董事成员， XX 有权同时同比增派董事成员；单轮融资时，投资人股东可选举1名董事成员，若该轮融资时，公司引进多个投资人股东的，仅该轮领投方股东有权选举1名董事成员。

投资人股东无论因何种原因退出公司，其所选举的董事成员即应予以罢免。

针对董事委派权进行特殊设置的公司章程

除了这些，我们还设计了优先认购权、回购权等机制，保证客户对公司股权的认购享有优先权；对于重要第三方机构的聘请，也确定了客户的选聘机制；对于财务审批权，进行了数额层级划分，保证客户拥有一定数额的财务审批权；对另一位创始股东，经过沟通和访谈，让其和创始人达成一致行动人协议，等等。

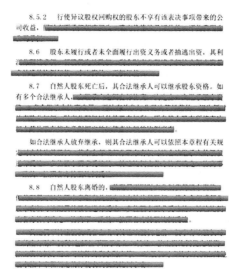

公司章程中设定了明确完善的退出及回购机制（隐去隐私定制信息）

根据章程，我们起草了三会议事规则，为客户搭建了三会架构，特别是对董事会和股东会进行了详细的议事规则和提名、选举、表决机制的设定，保证公司行事有章，避免程序出现瑕疵。

最终，我们在客户与投资人最终谈判前，完成了公司全新股权架构和内部三会制度的搭建，我们在各个方面为客户设计的控制权，让客户在与投资人谈判时更有底气和保障，未来多阶段融资也不会导致控制权的旁落。

这个客户说了一句话，非常有意义："很多人都是出了问题才找律师，但我知道，出了问题再找律师的话，已经是穷途末路，不如提前花点精力布局，后期才能避免更大的损失。"深以为然。

五、股权投资时代已经来临

中国已经全面进入股权投资时代，拥抱资本市场已经是大势所趋，股权结构与控制权的重要性不言而喻。要想在市场经济浪潮中获得一席之地，不仅要懂得商战上的博弈，更需要合理的股权分配机制加上控制权的保障，来为这艘在商海里沉浮的企业之舰保驾护航。

第九章

股权战略七：政策福利要抓住——做股权也要懂税负筹划

动态股权

第九章
股权战略七：政策福利要抓住——做股权也要懂税负筹划

前期我们全面分析了动态股权分配机制，并根据机制讲解了契约化的要点和方式。我们之前讲的，都是对分配机制如何设计的探讨，在具体实践中，很多人都会遇到一个问题，在做持股平台时，如何取得公司的股权，是增资还是受让？虽然在工商注册登记结果上两者并无差别，最终都会取得股权，但是在中间纳税环节，却是天差地别。

做生意不容易，能省一点是一点，在国家法律允许的范围内，合理利用财税政策，为公司省下一点成本，不是更好？持股平台获得目标公司股权的方式有多种方案，下面我们举一个例子，分别介绍每一种情况下的财务和税务处理。

在具体讲解前，需要提醒大家，这部分仅是根据目前的税收法律法规并结合我们的实操经验所做的分析，因各地工商局、税务局要求不一，所以大家在实践动态股权分配机制时，不可全依照本章分析去做实际的财务、税务处理，建议根据公司具体情况，咨询相关专业人士。

第一节
假设基本情况

以下所有的条件均是为了说明动态股权激励每个流程中可能涉及的财务和税务问题而假设的，仅仅是为了计算和说明时的方便，实际情况可能千差万别，请大家具体情况具体分析。

假设1：目标公司拟进行动态股权激励，被激励的对象为目标公司的事业合伙人（员工），激励的标的为目标公司共计15%的股权。

假设2：目标公司的注册资金为人民币100万元，股权结构及实缴情况如下：

股东名称	认缴金额	实缴出资	股权比例	出资方式
A先生（自然人）	70	70	70%	货币
B公司（有限公司）	20	20	20%	货币
C企业（合伙企业）	10	10	10%	货币
合计	100	100	100%	/

假设3：目标公司的净资产为人民币200万元，其中资本公积金为人民币50万元，未分配利润为人民币50万元。（备注：实际情况中，公司净资产为负或者零的情况不在少数，出现这

第九章
股权战略七：政策福利要抓住——做股权也要懂税负筹划

两种情况，在股权转让时转让价格可以定为平价转让，股权转让无所得，则出让方不需要支付所得税。)

假设4：为实施股权激励拟设立持股平台（性质为有限合伙企业，以下简称持股平台），A先生为持股平台的GP，B公司为持股平台的LP。其中，A先生的实缴出资为99.99%，B公司的实缴出资为0.01%。

假设5：持股平台只用作股权激励，仅能持有目标公司15%的股权，不进行其他的经营活动。

假设6：持股平台通过股权转让或者货币增资的方式，最终合法持有目标公司15%的股权。被激励员工将不直接持有目标公司的股权，而是通过受让持股平台的财产份额间接持有目标公司的股权。

假设7：如果以股权转让方式获得目标公司股权，则股权出让方为A先生，受让方为持股平台。A先生取得目标公司的股权价格未溢价。

假设8：A先生按照持有目标公司15%的股权对员工进行激励分配，未考虑对员工进行现金激励的影响。

所有的税收筹划方案不能违反税收法律法规，在此前提下，不能给目标公司的上市带来各种风险和障碍。

在满足上述条件下，最大限度降低各个环节的税收负担，才是最优方案。

第二节

几种方案的对比

一、动态股权激励的股权来源方案

（一）方案一：直接转让的方案

（1）设立持股平台，合伙人实缴出资人民币30万元，A先生和B公司按照各自的比例对持股平台出资。

（2）A先生将其持有目标公司15%的股权转让给持股平台，转让价格为人民币15万元，转让之后的股权结构如下：

股东名称	实缴金额（万元）	股权比例
A先生（自然人）	55	55%
B公司（有限公司）	20	20%
C企业（合伙企业）	10	10%
持股平台	15	15%
合计	100	100%

（3）公司表决权的变化：

①A先生直接持有目标公司的股权比例为55%。

②A先生通过持股平台企业间接持有目标公司的投票权比例为15%（GP作为执行事务合伙人，直接行使持股平台对目标

第九章
股权战略七：政策福利要抓住——做股权也要懂税负筹划

公司的投票权，合计 15%）。

③A 先生直接和间接持有目标公司投票权比例合计为 70%，同股权变动前无变化。B 公司和 C 企业的股权比例无变化。

（二）方案二：先转增注册资本，后进行股权转让的方案

（1）设立持股平台，合伙人实缴出资人民币 30 万元，A 先生和 B 公司按照各自的比例对持股平台出资。

（2）目标公司先将资本公积金和未分配利润共计 100 万元全部转增注册资本，股东的股权数量如下：

股东名称	转增注册资本金数量	转增以后注册资金	转增以后股权比例
A 先生（自然人）	70	140	70%
B 公司（有限公司）	20	40	20%
C 企业（合伙企业）	10	20	10%
合计	100	200	100%

（3）A 先生将持有的目标公司 15% 的股权转让给持股平台，转让价格为人民币 30 万元，转让以后股权比例如下：

股东名称	转增以后持股数量	转让/受让股权数量	转让后股权数量	转让后持股比例
A 先生（自然人）	140	−30	110	55%
B 公司（有限公司）	40	0	40	20%
C 企业（合伙企业）	20	0	20	10%
持股平台	0	+30	30	15%
合计	200	/	200	100%

(4)公司表决权的变化:

①A先生直接持有目标公司的股权比例为55%。

②A先生通过持股平台企业间接持有目标公司的投票权比例为15%。

③A先生直接和间接持有目标公司投票权比例合计为70%,同股权变动前无变化。B公司和C企业的股权比例无变化。

(三)方案三:货币增资的方案

(1)设立持股平台,合伙人实缴出资人民币35.3万元,A先生和B公司按照各自的比例对持股平台出资。

(2)持股平台成立后再向目标公司进行货币增资,其中增加注册资本金人民币17.65万元,增加资本公积金17.65万元,增资后的股权结构如下:

股东名称	出资金额(万元)	股权比例
A先生(自然人)	70	60%
B公司(有限公司)	20	17%
C企业(合伙企业)	10	8%
持股平台	17.65	15%
合计	117.65	100%

(3)公司表决权的变化:

①A先生直接持有目标公司的股权比例约为60%。

②A先生通过持股平台企业间接持有目标公司的投票权比

第九章
股权战略七：政策福利要抓住——做股权也要懂税负筹划

例约为 15%。

③A 先生持有目标公司投票权比例合计为 75%，B 公司的表决权为 17%，C 企业的表决权为 8%。

二、各方案的操作程序和纳税情况

（一）方案一：直接转让的方案

1. 操作程序

（1）A 先生和 B 公司作为合伙人共同设立持股平台，合伙人实缴出资人民币 30 万元。在持股平台之中，A 先生（GP）的实缴出资为 299,970 元占比 99.99%、B 公司（LP）的实缴出资 30 元占比 0.01%。

（2）持股平台设立后再受让 A 先生持有的目标公司 15% 的股权。

（3）A 先生和 B 公司逐渐将持股平台的财产份额转让给被激励对象。

2. 各个环节纳税情况

（1）持股平台设立环节。

持股平台合伙人实缴出资人民币 30 万元，在此出资环节 A 先生不需要缴纳个人所得税，B 公司不需要缴纳企业所得税。

（2）目标公司的净资产为人民币 200 万元。

A 先生转让 15% 的股权，股权转让价格按照目标公司净资产的金额确定，持股平台应当支付股权转让款人民币 30 万元给 A

先生。假定 A 先生取得该 15% 股权的成本为人民币 15 万元，则 A 先生应当缴纳股权转让的个人所得税 =（30 万元 – 15 万元）× 20% = 3 万元。

（3）持股平台内部财产份额的转让。

进行股权激励时，采用的方式是 A 先生逐渐将持股平台的财产份额转让给被激励对象。如果 A 先生按照取得成本转让财产份额给被激励对象，则没有所得税。如果转让价格高于取得成本，则 A 先生应当缴纳个人所得税【（卖价 – 取得成本）×20%】。

注意：

① 纳税地点。

股权转让所得涉及的个人所得税以被投资企业所在地税务机关为主管税务机关，股权转让所得纳税人需要在被投资企业所在地办理纳税申报。

② 纳税义务人或扣缴义务人。

纳税义务人为 A 先生，扣缴义务人为持股平台。

（二）方案二：先转增注册资本，后进行股权转让的方案

1. 操作程序

（1）A 先生和 B 公司作为合伙人共同设立持股平台，合伙人实缴出资人民币 30 万元。在持股平台之中，A 先生（GP）的实缴出资为 299,970 元占比 99.99%、B 公司（LP）的实缴出资

第九章
股权战略七：政策福利要抓住——做股权也要懂税负筹划

为 30 元占比 0.01%。

（2）目标公司将未分配利润和资本公积金全部转增注册资本金，目标公司原股东按照原股权比例增加注册资本金。

（3）持股平台以公允的价格受让 A 先生持有的 15% 目标公司股权。

（4）A 先生和 B 公司逐渐将持股平台的财产份额转让给被激励对象。

2. 各个环节纳税情况

（1）持股平台设立环节。

持股平台合伙人实缴出资人民币 30 万元，在此出资环节 A 先生不需要缴纳个人所得税，B 公司不需要缴纳企业所得税。

（2）目标公司将资本公积和未分配利润转增注册资本的环节。

目标公司的资本公积和未分配利润共计 100 万元，如果先将其全部转增注册资本金，增加注册资本金人民币 100 万元，则各个股东按股权比例分别增加的股权数量为：A 先生增加注册资本金人民币 70 万元、B 公司增加注册资本金 20 万元、C 企业增加注册资本金 10 万元。

A 先生应纳个人所得税 = 70 万 × 20% = 14 万元

B 公司应纳所得税 0 元

C 合伙企业由于其穿透性，根据合伙人是自然人或法人的不同身份产生不同的纳税义务。

（3）转增注册资本以后，公司总注册资本金为 200 万元。

A先生转让15%的目标公司股权，公允价格为人民币30万元，假设A先生以30万元的价格转让15%的股权，A先生应纳个人所得税0元。

（4）持股平台内部财产份额的转让。

进行股权激励时，采用的方式是A先生逐渐将持股平台的财产份额转让给被激励对象。如果A先生按照取得成本转让财产份额给被激励对象，则没有所得税。如果转让价格高于取得成本，则A先生应当缴纳个人所得税【（卖价−取得成本）×20%】。

3．分期缴纳

一般来说，自然人转让企业的股权产生的个人所得税不能分期缴纳，但下列情况下个人所得税可以分期缴纳。

（1）关于股权奖励个人所得税规定。

从2016年1月1日起，全国范围内的高新技术企业转化科技成果，给予本企业相关技术人员（有条件限制的人员）的股权奖励，个人一次缴纳税款有困难的，可根据实际情况自行制定分期缴税计划，在不超过5个公历年度内（含）分期缴纳，并将有关资料报主管税务机关备案，个人获得股权奖励时，按照"工资薪金所得"项目，参照《财政部国家税务总局关于个人股票期权所得征收个人所得税问题的通知》（财税（2005）35号）有关规定计征个人所得税。股权奖励的计税价格参照获得股权时的公平市场价格计算。（适用范围：只适用于高新技术企业，必须是全国范围内的非上市且非新三板的高新技术企业转

第九章
股权战略七：政策福利要抓住——做股权也要懂税负筹划

化科技成果，给予本企业相关技术人员的奖励，才能适用分期纳税，企业面向全体员工实施的股权奖励，不得按本政策执行，不得享受分期纳税政策。）

（2）关于企业转增注册资本个人所得税规定。

从 2016 年 1 月 1 日起，全国范围内的中小高新技术企业以未分配利润、盈余公积、资本公积向个人股东转增注册资本时，个人股东一次性缴纳个人所得税有困难的，可根据实际情况自行制定分期缴税计划，在不超过 5 个公历年度内（含）分期缴纳，并将有关资料报主管税务机关备案。（适用范围：只适用于高新技术企业，必须是全国范围内的非上市的中小高新技术企业或未在新三板挂牌的中小高新技术企业，上市中小高新技术企业或已在新三板挂牌的中小高新技术企业向个人股东转增注册资本，股东应纳的个人所得税，不执行此项政策。）

财税小贴士

《财政部、国家税务总局关于个人股票期权所得征收个人所得税问题的通知》（财税〔2005〕35 号）

一、关于员工股票期权所得征税问题

实施股票期权计划企业授予该企业员工的股票期权所得，应按《中华人民共和国个人所得税法》及其实施条例有关规定征收个人所得税。

企业员工股票期权（以下简称股票期权）是指上市公司按照规定的程序授予本公司及其控股企业员工的一项权利，该权利允许被授权员工在未来时间内以某一特定价格购买本公司一定数量的股票。

上述"某一特定价格"被称为"授予价"或"施权价"，即根据

动态股权
中国合伙人分钱分权的新技术

股票期权计划可以购买股票的价格，一般为股票期权授予日的市场价格或该价格的折扣价格，也可以是按照事先设定的计算方法约定的价格；"授予日"，也称"授权日"，是指公司授予员工上述权利的日期；"行权"，也称"执行"，是指员工根据股票期权计划选择购买股票的过程；员工行使上述权利的当日为"行权日"，也称"购买日"。

二、关于股票期权所得性质的确认及其具体征税规定

（一）员工接受实施股票期权计划企业授予的股票期权时，除另有规定外，一般不作为应税所得征税。

（二）员工行权时，其从企业取得股票的实际购买价（施权价）低于购买日公平市场价（指该股票当日的收盘价，下同）的差额，是因员工在企业的表现和业绩情况而取得的与任职、受雇有关的所得，应按"工资、薪金所得"适用的规定计算缴纳个人所得税。

对因特殊情况，员工在行权日之前将股票期权转让的，以股票期权的转让净收入，作为工资薪金所得征收个人所得税。

员工行权日所在期间的工资薪金所得，应按下列公式计算工资薪金应纳税所得额：

股票期权形式的工资薪金应纳税所得额 =（行权股票的每股市场价 - 员工取得该股票期权支付的每股施权价）× 股票数量

（三）员工将行权后的股票再转让时获得的高于购买日公平市场价的差额，是因个人在证券二级市场上转让股票等有价证券而获得的所得，应按照"财产转让所得"适用的征免规定计算缴纳个人所得税。

（四）员工因拥有股权而参与企业税后利润分配取得的所得，应按照"利息、股息、红利所得"适用的规定计算缴纳个人所得税。

《财政部、国家税务总局关于将国家自主创新示范区有关税收试点政策推广到全国范围实施的通知》（财税〔2005〕116号）

三、关于企业转增股本个人所得税政策

1. 自2016年1月1日起，全国范围内的中小高新技术企业以未分配利润、盈余公积、资本公积向个人股东转增股本时，个人股东一次缴纳个人所得税确有困难的，可根据实际情况自行制定分期

第九章
股权战略七：政策福利要抓住——做股权也要懂税负筹划

缴税计划，在不超过5个公历年度内（含）分期缴纳，并将有关资料报主管税务机关备案。

2. 个人股东获得转增的股本，应按照"利息、股息、红利所得"项目，适用20%税率征收个人所得税。

3. 股东转让股权并取得现金收入的，该现金收入应优先用于缴纳尚未缴清的税款。

4. 在股东转让该部分股权之前，企业依法宣告破产，股东进行相关权益处置后没有取得收益或收益小于初始投资额的，主管税务机关对其尚未缴纳的个人所得税可不予追征。

5. 本通知所称中小高新技术企业，是指注册在中国境内实行查账征收的、经认定取得高新技术企业资格，且年销售额和资产总额均不超过2亿元、从业人数不超过500人的企业。

6. 上市中小高新技术企业或在全国中小企业股份转让系统挂牌的中小高新技术企业向个人股东转增股本，股东应纳的个人所得税，继续按照现行有关股息红利差别化个人所得税政策执行，不适用本通知规定的分期纳税政策。

（三）方案三：货币增资的方案

1. 操作程序

（1）A先生和B公司作为合伙人共同设立持股平台，合伙人实缴出资人民币35.3万元。在持股平台之中，A先生（GP）的实缴出资为352,965元占比99.99%、B公司（LP）的实缴出资为35元占比0.01%。

（2）持股平台向目标公司进行货币增资，最终取得目标公司15%的股权。

（3）A先生和B公司逐渐将持股平台的财产份额转让给被

激励对象。

2. 各个环节纳税情况

（1）持股平台设立环节。

持股平台的财产总额为 35.3 万元，在此出资环节 A 先生不需要缴纳个人所得税，B 公司不需要缴纳企业所得税。

（2）持股平台向目标公司增资环节。

持股平台向目标公司进行货币增资，其中增加注册资本金人民币 17.65 万元，增加资本公积金 17.65 万元，在货币增资环节持股平台不缴纳所得税。

（3）持股平台内部财产份额的转让。

进行股权激励时，采用的方式是 A 先生逐渐将持股平台的财产份额转让给被激励对象。如果 A 先生按照取得成本转让财产份额给被激励对象，则没有所得税。如果转让价格高于取得成本，则 A 先生应当缴纳个人所得税【(卖价 − 取得成本) ×20%】。

第三节
其他环节税收

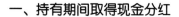

一、持有期间取得现金分红

目标公司无论在上市前或上市后，如果实现净利润在弥补以前年度亏损、提取法定盈余公积之后仍有盈余，向股东分红

第九章
股权战略七：政策福利要抓住——做股权也要懂税负筹划

的，各股东应纳税如下：

（1）自然人股东（A先生）应纳个人所得税＝取得的现金分红×20%。

（2）法人股东（B公司）取得的现金分红，依据《中华人民共和国企业所得税法》第二十六条第二项规定：符合条件的居民企业之间的股息、红利等权益性投资收益为免税收入，故不缴纳企业所得税。

（3）持股平台和C企业为合伙企业，取得的现金分红不缴纳企业所得税、不并入合伙企业的收入，而应单独作为投资者个人取得的利息、股息、红利所得，按"利息、股息、红利所得"计算应纳个人所得税。即合伙企业取得股票股利，按照合伙协议约定分配给各个合伙人，则合伙企业内的自然人合伙人按"利息、股息、红利"所得计征个人所得税；合伙企业的法人合伙人取得的股息、红利等权益性投资收益，应并入该法人的收入总额，计征企业所得税。（原因：《中华人民共和国企业所得税法实施条例》第八十三条规定："符合条件的居民企业之间的股息红利等权益性投资收益，是指居民企业直接投资于其他居民企业取得的投资收益。"而合伙企业不属于企业所得税法规定的纳税人，也不属于企业所得税法规范的居民企业；同时，合伙企业的法人合伙人也并未直接投资分配股息红利的企业。这就是说合伙企业对外股权投资分回的股息红利按合伙协议约定的分配比例分给法人合伙人时，法人合伙人取得此所得不符合免税投资收益的政策规定。）

> **财税小贴士**
>
> **《中华人民共和国合伙企业法》**
>
> 第六条 合伙企业的生产经营所得和其他所得,按照国家有关税收规定,由合伙人分别缴纳所得税。
>
> **《中华人民共和国企业所得税法》**
>
> 第二十六条 企业的下列收入为免税收入:
>
> (一)国债利息收入;
>
> (二)符合条件的居民企业之间的股息、红利等权益性投资收益;
>
> (三)在中国境内设立机构、场所的非居民企业从居民企业取得与该机构、场所有实际联系的股息、红利等权益性投资收益;
>
> (四)符合条件的非营利组织的收入。
>
> **《中华人民共和国企业所得税法实施条例》**
>
> 第八十三条 企业所得税法第二十六条第(二)项所称符合条件的居民企业之间的股息、红利等权益性投资收益,是指居民企业直接投资于其他居民企业取得的投资收益。企业所得税法第二十六条第(二)项和第(三)项所称股息、红利等权益性投资收益,不包括连续持有居民企业公开发行并上市流通的股票不足12个月取得的投资收益。
>
> **《财政部、国家税务总局关于合伙企业合伙人所得税问题的通知》(财税〔2008〕159号)**
>
> 一、本通知所称合伙企业是指依照中国法律、行政法规成立的合伙企业。
>
> 二、合伙企业以每一个合伙人为纳税义务人。合伙企业合伙人是自然人的,缴纳个人所得税;合伙人是法人和其他组织的,缴纳企业所得税。

三、合伙企业生产经营所得和其他所得采取"先分后税"的原则。具体应纳税所得额的计算按照《关于个人独资企业和合伙企业投资者征收个人所得税的规定》(财税〔2000〕91号)及《财政部 国家税务总局关于调整个体工商户个人独资企业和合伙企业个人所得税税前扣除标准有关问题的通知》(财税〔2008〕65号)的有关规定执行。

前款所称生产经营所得和其他所得,包括合伙企业分配给所有合伙人的所得和企业当年留存的所得(利润)。

四、合伙企业的合伙人按照下列原则确定应纳税所得额:

(一)合伙企业的合伙人以合伙企业的生产经营所得和其他所得,按照合伙协议约定的分配比例确定应纳税所得额。

(二)合伙协议未约定或者约定不明确的,以全部生产经营所得和其他所得,按照合伙人协商决定的分配比例确定应纳税所得额。

(三)协商不成的,以全部生产经营所得和其他所得,按照合伙人实缴出资比例确定应纳税所得额。

(四)无法确定出资比例的,以全部生产经营所得和其他所得,按照合伙人数量平均计算每个合伙人的应纳税所得额。

合伙协议不得约定将全部利润分配给部分合伙人。

五、合伙企业的合伙人是法人和其他组织的,合伙人在计算其缴纳企业所得税时,不得用合伙企业的亏损抵减其盈利。

《国家税务总局关于〈关于个人独资企业和合伙企业投资者征收个人所得税的规定〉执行口径的通知》(国税函〔2001〕84号)

二、关于个人独资企业和合伙企业对外投资分回利息、股息、红利的征税问题

个人独资企业和合伙企业对外投资分回的利息或者股息、红利,不并入企业的收入,而应单独作为投资者个人取得的利息、股利、红利所得,按"利息、股息、红利"所得,按"利息、股利、红利所得"应税项目计算缴纳个人所得税。以合伙企业名义对外投资分回利息或者股利、红利的,应按《通知》所附规定的第五条精神确

定各个投资者的利息、股利、红利所得,分别按"利息、股息、红利所得"应税项目计算缴纳个人所得税。

三、关于个人独资企业和合伙企业由实行查账征税方式改为核定征税方式后,未弥补完的年度经营亏损是否允许继续弥补的问题。

实行查账征税方式的个人独资企业和合伙企业改为核定征税方式后,在查账征税方式下认定的年度经营亏损未弥补完的部分,不得再继续弥补。

北京市《关于促进股权投资基金业发展的意见》(京金融办〔2009〕5号)

五、合伙制股权基金从被投资企业获得的股息、红利等投资性收益,属于已缴纳企业所得税的税后收益,该收益可按照合伙协议约定直接分配给法人合伙人,其企业所得税按有关政策执行。

备注:这就说明合伙企业对外股权投资分回的股息红利按合伙协议约定的分配比例分给法人合伙人时,法人合伙人取得此所得可以享受免税投资收益的政策规定。这只是地方性政策规定,不能放大到全国范围。在国发〔2014〕62号文件下发后,此文件是否能继续得到落实呢?还有待于进一步的明确。

二、股权分配环节(适用对象:取得股权的合伙人)

(1)确定动态股权分配机制环节,由于尚未取得股权,因此无须纳税。

(2)达到里程碑之前,仅有贡献值产生,尚未取得股权,因此同样无须纳税。如果合伙人离开,公司或其他主体对贡献值进行回购的,回购所得作为"工资、薪金所得"征税,税率按3%~45%的七级超额累计税率计算。

第九章
股权战略七：政策福利要抓住——做股权也要懂税负筹划

（3）里程碑达到取得股权的。

以取得股权时的股权转让价格，按照"工资、薪金"所得计税，税率按3%～45%的七级超额累计税率计算。

（4）取得股权之后。

①股权取得后持有期间，取得的股息、红利，按照"利息、股息、红利"所得计税，税率20%。

②股权取得后对外转让的，转让时获得的高于购买日公平市场价的差额，按照"财产转让所得"计税，税率20%。

注意：目标公司的股权激励政策不适用递延纳税政策。

财税小贴士

《财政部国家税务总局关于完善股权激励和技术入股有关所得税政策的通知》（财税〔2016〕101号）

一、对符合条件的非上市公司股票期权、股权期权、限制性股票和股权奖励实行递延纳税政策

（一）非上市公司授予本公司员工的股票期权、股权期权、限制性股票和股权奖励，符合规定条件的，经向主管税务机关备案，可实行递延纳税政策，即员工在取得股权激励时可暂不纳税，递延至转让该股权时纳税；股权转让时，按照股权转让收入减除股权取得成本以及合理税费后的差额，适用"财产转让所得"项目，按照20%的税率计算缴纳个人所得税。

股权转让时，股票（权）期权取得成本按行权价确定，限制性股票取得成本按实际出资额确定，股权奖励取得成本为零。

（二）享受递延纳税政策的非上市公司股权激励（包括股票期权、股权期权、限制性股票和股权奖励，下同）须同时满足以下条件：

1. 属于境内居民企业的股权激励计划。

2. 股权激励计划经公司董事会、股东（大）会审议通过。未设股东（大）会的国有单位，经上级主管部门审核批准。股权激励计划应列明激励目的、对象、标的、有效期、各类价格的确定方法、激励对象获取权益的条件、程序等。

3. 激励标的应为境内居民企业的本公司股权。股权奖励的标的可以是技术成果投资入股到其他境内居民企业所取得的股权。激励标的股票（权）包括通过增发、大股东直接让渡以及法律法规允许的其他合理方式授予激励对象的股票（权）。

4. 激励对象应为公司董事会或股东（大）会决定的技术骨干和高级管理人员，激励对象人数累计不得超过本公司最近6个月在职职工平均人数的30%。

5. 股票（权）期权自授予日起应持有满3年，且自行权日起持有满1年；限制性股票自授予日起应持有满3年，且解禁后持有满1年；股权奖励自获得奖励之日起应持有满3年。上述时间条件须在股权激励计划中列明。

6. 股票（权）期权自授予日至行权日的时间不得超过10年。

7. 实施股权奖励的公司及其奖励股权标的公司所属行业均不属于《股权奖励税收优惠政策限制性行业目录》范围（见附件）。公司所属行业按公司上一纳税年度主营业务收入占比最高的行业确定。

（三）本通知所称股票（权）期权是指公司给予激励对象在一定期限内以事先约定的价格购买本公司股票（权）的权利；所称限制性股票是指公司按照预先确定的条件授予激励对象一定数量的本公司股权，激励对象只有工作年限或业绩目标符合股权激励计划规定条件的才可以处置该股权；所称股权奖励是指企业无偿授予激励对象一定份额的股权或一定数量的股份。

（四）股权激励计划所列内容不同时满足第一条第（二）款规定的全部条件，或递延纳税期间公司情况发生变化，不再符合第一条第（二）款第4至6项条件的，不得享受递延纳税优惠，应按规定计算缴纳个人所得税。

第九章
股权战略七：政策福利要抓住——做股权也要懂税负筹划

三、转让上市公司股票环节

（1）转让境内上市公司股票，取得的股票转让所得，对于自然人投资者，不征收个人所得税。（持有股票时间1年以上。）

（2）转让境内上市公司股票，取得的股票转让所得，对于自然人投资者，减半征收个人所得税。（持有股票时间1个月以上至1年以下。）

（3）转让境内上市公司股票，取得的股票转让所得，对于自然人投资者，全额征收个人所得税。（持有股票时间1个月以下。）

（4）转让境内上市公司股票，取得的股票转让所得，对于法人和其他组织，并入法人和其他组织的利润总额，计征企业所得税。

（5）转让境内上市股票，取得的股票转让所得，对于持股平台，持股平台不缴纳个人所得税，由持股平台的合伙人分别缴纳个人所得税和企业所得税。合伙企业的投资者按照合伙企业的全部生产经营所得和合伙协议约定的分配比例确定应纳税所得额。

A合伙人为自然人，根据财税〔2000〕91号文件规定自然人投资者取得股权转让收益时，应作为投资者的生产经营所得，比照"个体工商户的生产经营所得"应税项目，适用5%~35%的五级超额累进税率，计算缴纳个人所得税。

B合伙人为法人和其他组织,根据财税〔2008〕159号文件规定,合伙企业以每一个合伙人为纳税义务人。合伙企业合伙人是自然人的,缴纳个人所得税;合伙人是法人和其他组织的,缴纳企业所得税。根据该规定,企业投资者从合伙企业分得的净收益需要缴纳企业所得税。

四、转让上市公司限售股环节

(1)自然人转让限售股取得的所得,按"财产转让所得"计征个人所得税,税率20%。

(2)应纳税所得=限售股转让收入-(限售股原值+合理税费)。

(3)应纳个人所得税=应纳税所得×20%。

第十章

股权战略八：我们的征途是星辰和大海——动态股权应用的其他场景

动态股权

第十章

股权战略八：我们的征途是星辰和大海——动态股权应用的其他场景

第一节
留住高端事业合伙人——人才激励

一、追赶一种趋势：人才之战

（一）留不住的员工

企业家已经越来越深刻地意识到，企业发展到了一定的规模、一定的阶段，就会遇到相应的瓶颈，光靠老板一个人的力量，是很难继续把企业做大的。

所以对于老板来说，最担心两种情况：第一种是好不容易培养出来的人才要走，给他涨了工资，要走；给他升职，还是要走。老板纳闷了，这种情况怎么解决？第二种是员工工作积极性越来越低，工资一涨再涨，工作状态却还是不慌不忙，公司发展到了瓶颈期，员工没有冲劲，怎么能行？

激烈的市场竞争，某种程度上也是人才之争，谁抢先一步做好改革，谁就抢先占领了先机，拔得了头筹。

（二）股权激励带来金手铐

那么该如何进行改革？

曾有机构做过调查，针对是否实施股权激励的两个企业，

动态股权
中国合伙人分钱分权的新技术

在其他薪资待遇条件有所差别的情况下,员工更愿意选择哪一家就职?

不出所料,调查报告显示:在存在薪资待遇差别的情况下,大部分员工宁愿选择底薪较低但是有股权激励的企业,也不愿意去底薪较高但是并未实施股权激励的企业工作。而做出这样选择的理由竟是缺乏归属感。

很多企业文化都包含给员工创造归属感,但是员工真正想要的归属感,绝不仅仅是"公司是我家"这种简单而公式化的标语,也不是偶尔的小福利,比如生日送个蛋糕之类的。真正的归属感,是让员工意识到自己与公司是一体的,公司的利益能为自己带来更多的薪酬、发展空间甚至成就感。

有些老板不懂这个道理,总觉得"我给你钱了,你就得给我好好干!""工资这么高,你为什么不留下来?""我给你这么高的工资,已经对得起你的劳动了""我这儿工资高,还怕招不到人?"……

在老板心中,金钱万能、薪酬万能,只要给了钱,员工不应该再提过分的要求。且不论老板给的薪酬是否真的到位,假设薪酬已符合甚至高于市场水平,但是对于员工来说,薪酬虽然非常重要,但还没有重要到万能的程度,至少薪酬不能替代归属感。马云曾说过,员工为什么辞职,其实总结起来就两点原因:一个是钱没到位,另一个就是心里委屈。而从调查反馈的情况来看,离职的人才80%都是因为后一个原因。

言及于此,很多企业家都思考过,如何提升员工的归属感。方法有很多,比如创造和谐、轻松的企业文化,像海底捞、链

第十章
股权战略八：我们的征途是星辰和大海——动态股权应用的其他场景

家这种企业强调员工的自主权利；比如给予员工丰富的文化生活，像团建、旅游等各种活动……

"归属感"三个字，说时容易做时难，以上这些办法只是杯水车薪，只能解决表面的问题，要知道，员工和老板之间的矛盾大多源自立场不同，老板需要员工为企业创造利润，而员工的目的则是个人收益。

所以，最简单、最直接的办法就是给予员工适当的股权激励，让员工拥有股权，通过股权激励让两者站在同一立场上；通过分享股权，才能做到真正的利益共享、风险共担，才能在员工的心里，将企业从"老板的"变成"我们的"，让自己从"打工者"变成"主人翁"。从前是努力赚工资，现在是努力让公司做好、做大、做强。认知的改变，才会导致行为的改变，员工的积极性自然会有显著提升。

（三）动静结合，激励更加科学公平，员工更有积极性

股权激励已经成为企业发展必不可少的机制，但是大部分企业过去实施的股权激励都是静态的、僵化的，是由老板拍板给员工多少股权，给的股权也不一定和考核挂钩，给或者不给、给多给少都是看老板心情。激励仿佛逐渐变成了老板的奖励措施，没有真正发挥到刺激员工积极性的作用。

原本实施股权激励是想让普通员工成为公司股东，身份的转变可以让员工更具奉献精神，从而成为公司业绩增长的"催化剂"，但因为老板的"任性胡为"，最后员工非但不买账，还认为是公司没诚意，老板不看重自己。

这对于老板来说，未免有点出力不讨好的感觉，所以很多客户都找到我们，问到底该如何实施股权激励，才能真正激励到员工。

而我们的建议是，不妨考虑在股权激励里加入动态股权的机制。将那些被公司纳入激励范围的员工，定位为公司事业合伙人，对这些合伙人采用动态股权激励的模式。

首先根据激励人数搭建对应数量的持股平台（通常一个持股平台最多能容纳49位激励对象）；然后公司按发展阶段划分出里程碑和预分配股权，再按照每个激励对象岗位的特点，梳理出3~5个贡献点，贡献点不宜过多，避免后期操作麻烦；最后由公司定下贡献点的量化方式，即考核方式。

如此，在员工心里，股权激励变得有预期性，他们得到的股权不是老板拍板分多少，而是自己能赚来多少。激励股权的分配不仅是自己努力的结果，也是对自己能力的直接肯定，对于这样的利益分配模式，员工都心服口服，激励效果自然会显现出来，困扰各位老板的难题，就自然而然地解决了。

二、虚拟切割法：部门激励

随着公司日益发展壮大，老板又有了一个疑问，如果企业发展得不错，只是在某一方面比较薄弱，也就是说，目前不适合在整个公司范围推行股权激励，但在公司某一部门，确实非常有必要调动员工的积极性，那融合了动态股权的股权激励，还适合吗？

第十章
股权战略八：我们的征途是星辰和大海——动态股权应用的其他场景

当然适合。

公司划分出里程碑和阶段性目标、预分配股权后，将这个部门看作是一个小公司，针对这个"小公司"设计发展所需要的贡献点，然后根据里程碑和阶段性目标的要求，确定激励对象岗位的贡献点和考核方式，实操模式类似于正常的股权激励，只是范围有所缩减而已。

无论是一个部门，还是几个部门，都可采用这种动静结合的激励模式，只是不要忽视了进入、退出、管理机制的设计，防止后期因员工扯皮，而影响公司正常生产经营。

连锁企业也可采用这种激励模式，只是在设计持股平台时，需要考虑在搭建与员工贡献点考核直接挂钩的企业股权架构上，防止考核和激励相脱离，失去激励效果。

第二节
如果我是总经理——裂变式创业

一、让狼闻到血腥味：芬尼克兹开创裂变式创业

（一）公司内部是下一个战场：留不住的牛人

股权激励可以解决公司大部分人才流失的问题，稳定人才

动态股权
中国合伙人分钱分权的新技术

基础，但是公司总会出现一种让老板既爱又恨还有点怕的牛人，那就是创业型人才。

这种人才具有坚定的创业理想，拥有一定的组织管理能力，可以陪伴公司从创业的筚路蓝缕阶段，到做大做强成功上市。这种人是老板最喜欢的人才，他们有理想、有能力、有信念，在公司里通常都是高管以上级别，掌握着公司的许多重要商业信息，比如客户资源、产品资源、公司渠道资源等。

但他们也是老板最怕的人才，因为这种人一旦离职，除了会给公司带来人才损失外，在某种程度上，还会给公司造成更强大的外部竞争压力。

有老板说，那我给他涨工资、给他升职、让他做二把手，甚至我可以给他一点股权，为什么还是留不住他？

因为他是创业型人才！

众所皆知，但凡有能力的人都想当老大，只要有机会，他就想脱离公司自主创业，这是企业所有权问题，不是你给他多少钱能解决的事。

打江山的时候，也都流过血、拼过命，他付出的不一定比老板少，但是到头来企业跟他一点关系都没有，管理权再大，就算有了一点股权，始终没有最终的话语权，他一定会郁郁寡欢，因为他的创业梦，或者说"老大梦"还是没有实现。

一旦出现一个能够自主创业的合适契机，他就会不顾一切提出辞职，这个时候，你给他钱、给他升职，甚至给他股权都无济于事，因为他就想自立门户当老大，除了老板的位置，你

第十章
股权战略八：我们的征途是星辰和大海——动态股权应用的其他场景

给他任何福利都不可能留得住他，怎么办？

基于此，芬尼克兹创始人宗毅最先提出了一种针对创业型人才的激励制度，那就是大名鼎鼎的裂变式创业。

"厉害的高管都想当老大，我不仅让你当老大，我还投给你钱"。本着这样的想法，宗毅设计了裂变创业，通过人才选拔，鼓励具有创业能力的人去拼搏。

裂变，就是从公司内部分裂出新的、完整的"市场细胞"。芬尼克兹的裂变创业，就是在公司开拓新的项目或者市场时，内部发起"如果我是总经理"创业大赛，通过选拔和投票，选举出真正有领导能力、有创业精神的人去组建创业团队。

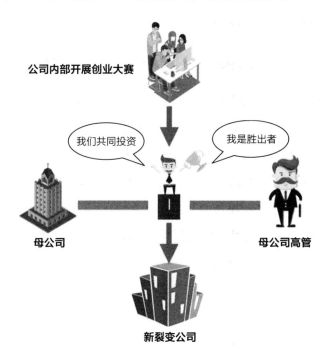

所有员工都可以参与，谁都有机会当选总经理。如果觉得自己没有独立组建创业团队的能力，也可以通过观察参赛者的能力、品行，在最后投票时，选出自己心中的"头狼"。

这个游戏可以总结为："你在跟我赌，你要输了你会很惨，我还是我。但你要是赢了，比我好。"

宗毅认为，在这个开放、自主创业的时代，封锁、强留创业型人才不是长远之计，唯有支持他的创业理想，将他的创业理想和企业利益绑定在一起，才能真正实现共赢。

宗毅通过裂变式创业为芬尼克兹带来了稳定多元的发展，大名鼎鼎的海尔集团同样通过裂变式发展，激励公司优秀高管，成为 2000 亿元公司创业的样本。

（二）2000 亿元公司创业的样本：海尔的"不颠覆，莫创业"

提到海尔，大家都会想起家电，比如冰箱、空调，还会想到它是全球 500 强企业。然而，智能化时代的来临，同行企业的竞争，都给海尔带来了不小的挑战和压力。这个巨大的企业航母亟须寻找企业新的竞争点，激发企业发展活力。

这是一个"不颠覆，莫创业"的时代。行业瞬息万新，对于大公司而言，与其被别人颠覆，不如自我颠覆。张小龙用微信颠覆了 QQ，基于腾讯内部的自我革命，为腾讯稳坐社交第一把交椅奠定了基础，海尔同样如此。

海尔的裂变，与芬尼克兹的总经理竞选机制稍有不同。

海尔把员工分为三类人：平台主、小微主和创客。

第十章
股权战略八：我们的征途是星辰和大海——动态股权应用的其他场景

平台主，就是海尔的核心资源，简单理解为老板也行，主要负责制定裂变创业的机制，调动小微主的积极性，为小微主提供平台资源，比如联络行业资源、外部研发资源等。

小微主，就是海尔行业生态的一个个版块，比如海尔旗下的空调、冰箱、洗衣机、厨房电器等版块，就是不同的小微（企业）。而分管这些企业的优秀人才就是小微主，每一个员工都是创客。

简单来说，就是平台主发布"单子"，小微主自主抢单，定下目标，成功了，分享高额利润；失败了，就会进入警示池；持续失败，还可能会失去小微主的职位，由别人来抢单。

整个裂变奖惩机制也是动态设计，和动态股权有类似之处，讲究有贡献即有回报。

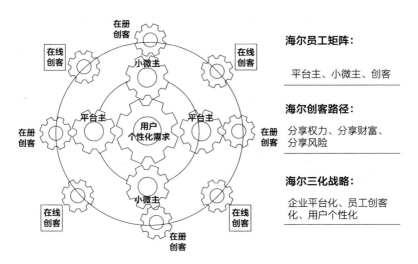

227

海尔通过大力推行"小微+平台"的模式,让海尔成为平台,让员工成为杠杆,裂变成为企业自驱动的支点,让裂变创业成为海尔布局各个产业链的核心。还是那句话,裂变创业就是"走自己的路,让别人无路可走"。

截至2017年年底,海尔平台已经裂变超过200多个创业小微,超过4000家节点小微和上百万的微店,超过100个小微营收过亿元,为海尔的发展做出了不可磨灭的贡献。

二、用动态股权激励优秀人才进行裂变式创业

通过以上分析,我们不难发现,裂变式创业机制虽然简单,但是洞穿了人性和利益分配的核心。这个金手铐机制把创业员工的利益和母公司紧紧绑定在一起,就像宗毅说的:输了会比老板惨,赢了会比老板阔。

但是这个机制也有一个限制,那就是完全靠钱来评判最初的占股,或许存在一定问题。

假设一个非常优秀的创业人员,他虽然不是头狼,但也是创业团队必不可缺的成员。先不说他能否凑足自己那部分出资额,如果他除了出资额以外,他的技术、市场资源可以给创业项目带来远远超过出资额的利益,那么仅靠出资额来判定他的占股,是否公平?

基于裂变式创业的核心要求,母公司对创业公司要达到50%的控股,那在不更改这个股权架构的基础上,在创业团队内部的股权划分上,视作一个初始创业公司,引入动态股权机

第十章
股权战略八：我们的征途是星辰和大海——动态股权应用的其他场景

制，或许能带来新的激励效果。

这样对于头狼来说，在竞选时不仅需要考虑项目的市场潜力和团队最初的组建，还需要考虑团队的稳定性，规划更加长远，利益分配更加公平。对于其他创业成员来说，也会更有干劲，能者居上，用成绩（贡献值）说话。

在海尔平台上，对裂变的创业小微推行动态股权机制，也能更好地衡量每个创客带来的贡献，更加激励人心，刺激员工的积极性。

只要机制足够公平，足够具有激励性，就不愁这个分裂出去的"创业细胞"挣不到钱，裂变式创业和动态股权的结合也将掀起新的裂变革命。

第三节
浴火重生的融资模式——股权众筹

一、人无股权不富：互联网＋带来新的投资模式

（一）前途是光明的，道路是曲折的

众筹这个概念从国外开始兴起，传入中国后，在互联网领域发展非常迅速。股权众筹，就是通过互联网平台，公司出让

一定的股权,募集民间资金,是一种大规模、小资金融资模式,可以将股权众筹理解私募股权的互联网化。

创业过程中,公司最缺的无非是人和钱,很多时候可能人具备了,或者单枪匹马也是可以创业的,但往往是因为钱把一个人给困住了,一分钱难倒英雄汉,没有现金流,创业就不可能持续下去。

股权众筹的推行,为投资方和公司搭建了桥梁。

这是一种非常好的融资方式,尤其是在一个项目的前期,我们可以通过众筹来为一个项目筹智、筹力、筹钱、筹未来。

这种"花小钱,办大事"的方式,深受市场喜爱,同时解决了企业方和大众投资方的需求。不仅能帮助初创型、小微型企业老板解决普遍存在的缺钱问题;同时,还能给有闲钱的大众投资者提供一个开放平台,让投资这件事不再神秘莫测,大家都能参与,获得投资回报。

但是,正是股权众筹简单、易操作的模式,导致2014年至2017年间,"众筹"泛滥,行业逐渐暴露一些乱象,比如项目造假、过度包装、项目不成熟、融资款没有监管,甚至非法融资、金融诈骗等问题。例如,某创业服务股权众筹平台参与的新三板项目,就被曝出涉嫌虚假宣传、企业财务数据造假等诸多问题。

不过,在金融监管日趋完善的大环境下,股权众筹发展逐渐规范,大家已经开始找自己的方向,行业逐渐走向细分领域,各监管部门也陆续出台了相关法律法规。

第十章
股权战略八：我们的征途是星辰和大海——动态股权应用的其他场景

（二）咖啡店的倒闭：没有股权的众筹就失去了灵魂

股权众筹这么火爆，是不是只要项目合规合法，众筹就都能成功呢？

不一定！

作为海外最原始的众筹形态的移植，最早一批兴起的众筹咖啡店却在喧嚣过后，面临着亏损倒闭的窘境。

众筹咖啡店为何玩不转呢？

许多众筹咖啡店开业后，注重小资情调，对于应该如何赚钱、如何分钱反而没有那么热衷。在他们看来，众筹咖啡店不但是一种很新颖有趣的创业形式，咖啡店本身所散发的小资情调和天然的交流平台的功能，才是他们最为看重的卖点。

然而，创业就是创业，赚钱才是创业能持续下去的动力。众筹时没有设计过股权架构，后期也没有激励制度，只依靠咖啡馆天然的吸引力去参与市场竞争，终究还是难以存活下来。

然而有意思的是，几乎所有众筹咖啡店的小老板们，在当初开店时被问及如果今后经营业绩不佳该怎么办时，几乎清一色回答是"我们不以营利为目的"。

套用一句有点烂俗的话：理想很丰满，现实很骨感。"不以营利为目的"不等于"亏钱也无所谓"。

之所以不少众筹咖啡店在经营将近一年时传出面临倒闭的

新闻,正是因为当初开店时只想着众筹原始资金,却没有规划好股权架构,没有明确股东的权利和义务,自然也就没有人有动力去经营咖啡馆,没法赚钱,项目失去造血能力,面临的要不就是进行二次众筹,继续烧钱;要不就是关门歇业,一拍两散。

事实证明,对大部分参与众筹的股东来说,"不以营利为目的"甚至"公益性质"的说辞只是一种冠冕堂皇的高调子,毕竟砸进去的是几万甚至十几万元的血汗钱,大部分股东还是希望咖啡店能赚钱并给自己带来投资回报,即使不赚钱,如果咖啡店能维持经营也行。

要赚钱,就要分清权利和义务,在众筹时,要对各位股权的贡献点进行预先设计,除了出钱众筹外,还需要考虑人力、市场营销、资源的贡献力度,如果做到这些,咖啡店又怎么会经营不下去呢?

二、股权怎么分:融资方公司股权架构

(一)众筹,集众人之力、众人之财

据《中华人民共和国公司法》规定,有限责任公司的股东不超过50人,非上市的股份有限公司股东不超过200人,法律对公司股东人数的限制,决定了大部分众筹股东不能出现在工商登记备案的股东名册上。

第十章
股权战略八：我们的征途是星辰和大海——动态股权应用的其他场景

> **法条小贴士**
>
> **《中华人民共和国公司法》**
>
> 第二十四条 有限责任公司由五十个以下股东出资设立。
>
> 第七十八条 设立股份有限公司，应当有二人以上二百人以下为发起人，其中须有半数以上的发起人在中国境内有住所。

对于这个问题，通常存在两种解决方案，那就是通过自然人代持或搭建持股平台来解决。

1. 委托持股（代持股权）

因为公司股东人数的限制，大部分隐名众筹股东可以与某个实名股东签订代持股协议，由这个实名股东代表众筹股东持有股份，工商登记仅体现该实名股东的身份。

但是也要注意，尽管法律允许委托持股，不过股权代持存在诸多法律风险，诸如代持人违反代持约定，私自处置股权，给被代持人带来损失等。

而且这种委托关系，必须有白纸黑字的书面文件来证明，不是大家口头商量好就行，如果后期发生矛盾，谁都说不清，基于代持产生的各种诉讼纠纷也实在太多、太常见了。鉴于代持可能出现诸多法律风险，我们在实践中是不推荐这种形式的。

2. 搭建持股平台

为了解决股东人数限制的问题，还有个方法就是设立持股平台。由众筹发起人作为普通合伙人、众筹股东为有限合伙人，这种方法就安全多了。

前面介绍过，由于有限合伙人不参与公司管理，众筹发起人能以其普通合伙人身份管理和控制持股平台，从而控制持股平台在众筹公司的股权。

但是，没有监管机制，众筹很容易"变味"，一味强调普通合伙人的权利，那其他众筹股东的权利往往得不到保障，基本上不会参加决议表决和投票，一旦公司想要造假，甚至私吞利益，对于众筹股东来说，也是不可忽视的重大打击。

不过，如果大家都参与表决，众筹公司就很难提高决策效率了，因此，持股平台至少需要保障众筹股东对公司经营情况的知情权。公司信息该披露的，就得依法披露；该做审计的，就必须公开审计信息，这也是众筹股东权利的重要保障。

（二）小项目，赚大钱

那该如何搭建合理的众筹股权架构呢？

众筹股权架构说到底就是利益分配结构，众筹股东就是老板的合伙人，如果老板没有切身站在这些合伙人的收益层面考虑问题，别说后期收益，连前期众筹都可能筹不到钱。

所以真正赚钱的高手，一定是懂得分钱的高手，老板设计一个让合伙人无法抗拒的条件（股权架构），让合伙人赚钱分钱得到保障，何愁筹不到钱？

曾经有一家做传统媒体广告的公司打算拓展市场，选了餐饮新广告行业。所谓餐饮新广告，就是当消费者去餐馆吃饭的时候，看到的桌子上的、碗里的那些不起眼的小广告，这就是

第十章
股权战略八：我们的征途是星辰和大海——动态股权应用的其他场景

他们筹划干的事情。

那么这个市场到底有多大呢？

据不完全统计，全国每天消耗的消毒碗筷套装在1000万套，换句话说，一天会有1000万人使用消毒碗筷，那么投放一个广告，直接覆盖的人数就是1000万。而在等菜的那几分钟内，恰恰是消费者最无聊的时候，也是他们最轻松、最不会抗拒广告的时间。

所以，如果他们能抓住这黄金几分钟，在这个时间搞出一个高价值的广告，相信广告效果将是最好的。

实践证明，这确实是一个商机，因为消费者吃饭的时候，的确会打量碗筷，而且必须要拆开包装膜才能使用，意思就是，无论如何消费者都必须要看一下广告，广告宣传效果不言而喻。

就是这样一个简单的、不起眼的小项目，营业收入却在短时间内达到了几亿元，回报丰厚。那么究竟是什么样的商业模式，让他们在如此短的时间内获得了快速的发展？无外乎是两个方面，一是股权众筹，二是动态股权。

首先，采用股权众筹的模式解决现金流。

为了募集资金，他们拿出公司5%的股权，广发邀约，最终向广告界和各领域的牛人募集到了几百万元资金。

有了这笔启动资金，其次就是通过动态股权机制招募合伙人，采用的是资源贡献点加股权的模式，所以这些合伙人既是他们的股东，也是他们的代理商。

对于合伙人来说，不仅代理广告投放赚钱，而且完成业绩还能获得股权、获得分红；对于公司来说，通过这种模式不仅解决了现金流的问题，而且更为重要的是可以不费吹灰之力地同广告主和这些有资源的代理商建立合作关系。

最重要的是，这种模式可以在全国大量地复制，一个城市设一个分公司，全国几十个城市一起推行，公司便可以迅速占领市场，成为行业老大。

因为通过众筹和动态股权吸引来的，都是当地广告领域牛人或者有资源的代理商，用股权去绑定他们、激励他们，不仅解决了现金流问题，还能轻松搞定人才和推广代理的难题，实现双赢。

现在已进入股权投资的新时代，无论是股权激励、股权融资、股权众筹还是裂变式创业等，只要涉及企业发展，涉及人才激励，都离不开对股权分配、利益分配的规划。如何分配得更加公平、更加合理，也是大家越来越关心的话题。

采用动态股权模式，用贡献点和贡献值去量化每个合伙人的贡献，根据贡献取得对应的股权，对于各位企业家来说，是面临棘手的股权问题时，一个非常不错的解决办法。